天皇「退位」式は皇統断絶

徳仁《新天皇》陛下は、新王朝初代

筑波大学名誉教授
中川八洋

ヒカルランド

序

天皇陛下は、「四・三〇」を
臨御拒否《ボイコット》なさいませ

皇位の継承は、〝皇室の家法〟に絶対に従うべきものである。万が一にも〝皇家の家法〟からの逸脱は許されない。皇家が、皇祖皇宗に皇位を承《う》けて、二千年間、代々、皇子孫に伝えてきたものである。皇位継承の〝法〟は、かように、皇祖皇宗の遺意であるが故に、ある御代の天皇が、この皇位継承〝法〟に改変を加えることはできない（注1）。

当然のことに、政府や国民（国会）は、皇室の家法たる皇位継承〝法〟に、いかなる干渉もなすことは許されない。政府や国民（国会）は、**皇祖皇宗の遺意を守る天皇を奉戴する**〝世襲の義務〟にひたすら専念することのみ許される。すなわち、「皇位継承〝法〟に対し、いかなる干渉・介入もしてはならない」は、政府・国会が絶対に遵守すべき、全ての政治権力に課せられた〝政治の大原則〟である。〝日本国の大法〟である。

政府・国会・国民は、この〝日本国の大法〟を未来永劫に奉戴するため、まず、皇位継承〝法〟を精確に学び、知り、自家薬籠中の物にしておく必要がある。

崩御／践祚／譲位／受禅（皇位継承の四語）一つも無きは、反・皇位継承である

表１；皇位継承の四語なき即位は、反・皇位継承の一代天皇

皇位継承第一方式	前天皇の**崩御**→新天皇の**践祚**
皇位継承第二方式	前天皇の**譲位**→新天皇の**受禅**

皇位継承は、二方式しかない（表１）。「前天皇の**崩御**《ほうぎょ》による、新天皇の**践祚**《せんそ》」か、「前天皇の**譲位**《じょうい》による、新天皇の**受禅**《じゅぜん》」か、のいずれかである。すなわち、崩御／践祚／譲位／受禅という四語の、一つも用いられずに即位された天皇は、〝皇位継承により即位された天皇〟には成りえない。

一方、天皇が天皇であらせられるには、前天皇からの剣璽渡御《けんじとぎょ》の儀（三種の神器の、新しい御代への継承）および大嘗祭の、一儀式と一神事を執り行われることが不可欠である。この事実は、別の視点から換言すれば、剣璽渡御の儀および大嘗祭という儀式と神事を執り行えば、（血が神武天皇からの皇統に繋《つな》がっている大前提は当然として）天皇たりうることを意味する。すなわち理論的には、天皇には、「皇位継承を経た正しき天皇」と「皇位継承を経ない正しき天皇」という、二種の「正しき天皇」の御存在が可能である。

２０１７年の「退位」特例法は譲位・受禅を禁止している。また、実際の式典では（さらにこの特例法第二条に違背してまで）「退位」「即位」を別々の日に別々の式典で行う。これは、安倍晋三が２０１９年の御《み》

代替《よが》わりでは**皇位継承による天皇即位を絶対に認めない**との共産革命を決定したからである。

現に、特例法からも実際の式典からも、「譲位」と「受禅」が、断固として消されている。つまり、皇位継承それ自体が消されている。これは、〝凶悪な共産党員三羽烏〟菅義偉《すがよしひで》・山本信一郎・内閣法制局（長官の横畠裕介）が、共産革命大号令〝**譲位・受禅を抹殺せよ！**〟〝**譲位・受禅の匂いすら消せ！**〟と、特例法を反・皇位継承法に改竄したからである。

また、式典すべてでも、これら〝凶悪共産党員三羽烏〟が牛耳り、やりたい放題にやっているからである。この結果、必然的に、天皇陛下の「譲位」を剥奪し、〝定年退職！〟とか〝廃帝！〟とかと同義の「退位」を宣告する式典にした。今上陛下を侮辱する、こんなトンデモ式典が常識的にも〝式典〟であろうはずもない。実態的には「人民法廷」と呼ぶべきものだろう。

一方、天皇位を継がれる皇太子殿下もまた、「受禅」で皇位にお即《つ》きになられるのではないので、厳密に言えば、新王朝の初代天皇におなりになられると解するほかない。すなわち、「四・三〇」と「五・一」は各々、〝廃帝！〟宣告人民法廷であり、新王朝一代限り天皇の即位式である。

だが、生まれつき大嘘つきの天才で〝国民騙しを常習とする選挙屋〟安倍晋三は、〝廃帝！〟宣告人民法廷の「四・三〇退位式典」と、これと分離切断された新王朝初代天皇の「五・一即位式典」をもって、「皇位継承」だと詐称する真赤な嘘をうそぶく。あからさまに不連続の〝究極の反・皇位継承〟「四・三〇」「五・一」を、平然と真逆にして皇位継承だと言い募る安倍晋三の〝国民騙し大嘘〟は、もはや異常人格者（サイコパス）の病気である。強度の共産主義シンパだからできる大嘘である。

皇位継承とは異次元の「即位」「退位」は、「践祚」「受禅」を否定できる万能政治語

「即位」「退位」は、皇位継承とは無関係な語彙《ごい》。しかし、いずれも、皇位に関わるから、皇位継承に関連する用語かに短絡的に誤解される。が、皇位と皇位継承とが別であるように、「即位」も「退位」も、皇位に関わるが、皇位継承には関わらない。

要は、「即位」とは、皇位継承のジャンルには属さない、それとは無関係な、政治分野における天皇位の用語である。「退位」とは、〝天皇殺し〟をも含意する、天皇制廃止に向かわせる極左革命イデオロギー語である。

表2;退位とは、“天皇殺し”を含意する、天皇制廃止の極左革命イデオロギー語

退位	皇室の伝統語ではない。日本語としても異様な新奇語彙。昭和天皇を退位させ東京裁判に訴追させるため、コミュニスト近衛文麿が考案し流布したのが嚆矢(1944年〜45年)。日本の憲法学界では、ルイ十六世のギロチン処刑に到る「退位させる=廃帝にする」のニュアンスで用いられている。『徳仁《新天皇》陛下は、最後の天皇』第六章を参照のこと。
即位	内外に即位を宣する壮麗な“即位の大礼”のことを言い、皇位継承の践祚や受禅を意味しない。現・皇室典範が、「践祚」を誤って「即位」と誤記したことで、憲法学界で践祚と同義語に扱われているだけ。憲法学界は、即位と践祚の混同を続けるべきではない。

皇祖皇宗に無限責任を負う今上陛下は、「四・三〇」の臨御拒否をなさいませ

憲法第二条は、「**皇位は、世襲のものであって、…皇室典範の定めるところにより、これを継承する**」と定めている。〝世襲の皇位継承〟とは、神武天皇以来の皇統を連綿と継承することであり、それこそが万世一系の〝世襲の皇位継承〟である。とすれば、皇位継承を全否定し、特に譲位の禁止/受禅の禁止を定める特例法に基づく「四・三〇式典」に天皇陛下がご臨御なされますことは、皇室典範そのものを死文化し、皇位継承の全否定となるが故に、天皇位の天皇がなさるべきものではありませぬ。

今上陛下におかれては、「四・三〇」への臨御を断固ご拒否なさいませ。皇統護持こそは、大統を承《う》けられた天皇の皇祖皇宗および皇考（父帝、昭和天皇）に対する最大・最高のご責務にございます。陛下は、**（4月30日ではなく）**5月1日に、皇太子・徳仁《なるひと》親王に譲位され、この譲位受禅の儀における宣命使には、京都在住の公家か秋篠《あきしの》宮《みや》殿下を選ばれ、儀場は吹上御所にて挙行されればよろしいのです。

当然、徳仁皇太子殿下におかれても、安倍晋三が設定した5月1日の式典・儀場には入御《じゅぎょ》なされては成りませぬ。吹上御所にて父帝と、剣璽渡御の正しい譲位・受禅の儀を滞ることなく挙行すれば、大統を承け新天皇の位に即かれるのです。皇位継承を全面破壊する「安倍晋三の〝反・皇位継承〟五・一」は、天皇ならびに日本国そのものへの叛逆であり、跡形無くゴミ焼却しなければなりませぬ。

今上陛下と皇太子殿下の新旧天皇の主催による、細やかながら本物の**5月1日譲位・受禅の儀**にご臨席なされますのが皇族と前皇族（黒田清子元内親王ほか）および旧皇族だけであろうとも、何ら問題ございません。国民には、後日、譲位・受禅の儀式のヴィデオをご公開なされればよろしいのです。

この譲位・受禅の儀式に、断じて闖入《ちんにゅう》させてはならない筆頭は、〝悪魔の朝敵〟安倍晋三です。安倍晋三は「俺様（総理）は、天皇より偉い」とばかり、今上陛下を

〝俺様の部下だ〟に扱い、今上陛下に命令するのを常習としてきたことは、何度も苦くご体験されたかと案じております。

例えば、２０１６年8月8日の御諚《ごじょう》は（備考）、陛下のご意向「皇太子への譲位」を平然とばっさりと切り捨て、「象徴天皇」「象徴としてのお務め」など、共産党語ばかりをふんだんに書き込んだ、異常を極めた〝反天皇〟の文章になっています。それなのに安倍晋三は、今上陛下に対して「天皇よ、これを読め！」と強要したと聞き及んでおります。この重大にして深刻な事実は国民に明らかにされるべき事柄のように覚えて成りませぬ。

（備考）菅義偉と山本信一郎の両名が原案を担当したことになっているが、実際には菅義偉から依頼され、党員の木村草太が起草したとの噂が根強く流れている。

「4月30日の今上陛下への廃帝宣告」と「5月1日の新王朝初代天皇の即位」という、皇位継承を破壊する先例づくりは、菅義偉・山本信一郎・横畠裕介の共産党員トリオの謀議によるが、これを推進させたのは、彼らのボスである安倍晋三。譲位・受禅は古式に則《のっと》った正しい儀式であるべきだし、譲位・受禅の儀式無き御代替わりはしてはならないことにおいて、これを破壊尽くさんとした〝世紀の大逆賊〟安倍晋三の国外追放は絶対不可欠であろう。

惟神《かむながら》の宝祚《ほうそ》を践《ふ》まれ給われた陛下が、「四・三〇」に臨御拒否をなさいますれば、必ずや皇祖皇宗および皇考の神霊《しんれい》が神祐《しんゆう》となって陛下を包まれるはずにございます。これこそがまた、日本国が未来に永続する生命の泉を手にできるのでございます。

〝世襲による皇位継承〟を禁止した特例法第一条は、憲法第二条蹂躙の憲法違反！である

「退位」特例法は、このタイトルの通り、**譲位を禁止するという意味での退位**（＝廃帝、天皇の定年退職）を定めた法律である。また、皇位継承には二つの方法しかないが、第一の**「崩御→践祚」**皇位継承も、第二の**「譲位→受禅」**皇位継承も、今後はいっさい認めないと明文規定にしたのが、「退位」特例法である。

「退位」特例法の法学的分析は、拙著『徳仁《新天皇》陛下は、最後の天皇』第一章で論じているが、その著27頁から36頁までを、以下、掻《か》い摘《つま》んでおく。

第一条は、約四十文字で済む「光格天皇の先例に倣《なら》い、今上天皇陛下がご**譲位**されるに伴い、皇太子殿下は直ちに**受禅**される」とするのが、法学的なイロハ常識。それなのに、特例法第一条は、この十倍の四百字。しかも「句点が途中にゼロ、読点が十

七ヶ」の、明らかに異常を極める超長文。これは、無学な者の雑文と言えても、法文ではないし、非・国語である。天皇制廃止の自爆装置を潜ませ、それが発覚しないように悪知恵を凝らした結果、超長文の一文になってしまったのが実情だろう。

上記の著第一章を精読している読者には明解だが、この特例法第一条は、「天皇が公務に精励されたから退位を認めてあげよう（＝公務に精励しなかったら認めてあげない）」「皇太子も公務に精励なされたから天皇にしてあげよう（＝公務に精励しなかったら天皇にしてあげない）」の、**〝皇位継承を認めない／認めるのは条件つき〟**という、**皇室典範全面無視の狂気の法理**が頑強に貫かれている。天皇や皇族に対する新しい身位は、国会や国民がその都度審査しその働きに応じて対価／御褒美として付与してあげるというロジックになっている。簡単にいえば、天皇も皇太子も「職業」に扱い、国家公務員と同一制度にしている。もう一度言う。天皇位や皇太子位を〝公務精励〟見返りの褒賞制度に見做すことは皇位継承の破壊的な否定、なのは言うまでもない。

なお、どうでもいい話かもしれないが、悪魔の「退位」特例法を考案した菅義偉／山本信一郎／横畠裕介の〝共産党員三羽烏〟の実際の思考順序は、逆ではなかったか。今上陛下が〝ご譲位の聖旨〟を漏らされた2010年7月以降、彼らは、二千年間続く皇位継承の伝統〝法〟を完全に抹殺する好機だと考え、皇位継承に代わる代替わり方式として、国会・国民がその許認可権をもつ新奇制度を導入しようと決断した（＝共産革命の決行）。次に、この許認可の審査基準として、「公務に精励したか否か」を物差しにすることを思いついた。「公務に精励したか否か」が身位の許認可審査基準となれば、「一に祭祀、二に儀式、三に国家元首としての国事行為」という、天皇が天皇である原点をすべて無視（否定）できるから、天皇制廃止に一段と近づく。

かように、特例法第一条は皇位継承を全否定しているから、現皇太子殿下の即位による新天皇は、正真正銘の天皇ではあるが、皇位を継承した天皇ではない。新しい王朝の初代天皇となる。

徳仁《新天皇》王朝は一代で終焉。秋篠宮殿下／悠仁親王殿下の即位の可能性は〝ほぼ無い〟

確かに、徳仁皇太子殿下による新しい王朝の初代天皇は、剣璽渡御の儀／大嘗祭／即位の大礼の諸儀式をなさるので、正しく天皇ではある。だが、前天皇から皇位を受禅されておられない以上、第百二十六代の天皇にはなりえない。4月30日／5月1日をもって、譲位・受禅が無き故《ゆえ》に、法律上、「第百二十六代の天皇」の不在が決定されたことになる。

ところで、徳仁皇太子殿下を初代天皇とする新しい王朝は、その後どうなるのか。二代、三代と続くのだろうか。むろん、万が一にも続かない。徳仁・初代天皇陛下をもって、この王朝は終焉するからだ。なぜなら、特例法は、天皇位や皇太子位は、その都度、国会・国民が審査して許認可する身位と定めているから、仮に、ポスト徳仁《新天皇》陛下の天皇が即位されても、この天皇は新々王朝の初代となる。

つまり、日本で仮に天皇制度が存続し続けても、法律上は**一代天皇の新王朝が誕生して消え、誕生しては消える、**実に異常なものとなる。これは、特例法第一条が定めた明文規定である。また、譲位・受禅の禁止という新ルールを実行するために２０１9年4月30日退位／5月1日即位の儀式を挙行することにより、これは先例となるから、世襲の皇位継承は消滅する。

ところで、新々王朝でもいいから、秋篠宮殿下もしくは悠仁《ひさひと》親王殿下が天皇位に即《つ》かれることはありえるのだろうか。答えは「ほぼ無い」。天皇位は、世襲の皇位継承ではなく、その都度、国会・国民が審査して奉戴するか否かを決定できると特例法第一条が定めているからだ。また、特例法第一条が、秋篠宮殿下を「皇嗣殿下《こうしでんか》」とし、自動的に皇位を継承して天皇に即位する「皇太弟《こうたいてい》」の身位を付与しなかったのは、皇室会議にこの即位の可否を審査し〝不適〟と決定させる狙いからである。

すなわち、将来的な徳仁《新天皇》陛下の崩御に際し、秋篠宮殿下や悠仁親王殿下が践祚される可能性はほとんどない。三分の二の議決で何でも決定できる皇室会議十名のうち皇族は二名しかおられず、実際上、皇族は「不在」の扱いとなっている。秋篠宮殿下や悠仁親王殿下の践祚は、皇位継承順位変更権を持つ皇室会議が、「順位を二位に下げる」だけで、いとも簡単に拒否できる。

注

1、井上毅・伊藤博文の『皇室典範義解』は、「皇室の家法は祖宗《そそう》に承《う》け、子孫に伝ふ。既に君主（＝在位中の天皇）の任意に制作する所に非《あら》ず」と定めている。

〈目次〉

装幀——赤谷直宣

第一章

天皇陛下の〝譲位〟は、
壮麗な
五・一〝譲位パレード〟こそ要

――安倍晋三はなぜ、〝譲位パレード（路頭の儀）〟を禁止したか

民族系の神社本庁や日本会議などの団体では、御代替わり方式の一つ「先帝の崩御→新帝の践祚」の皇位継承儀式の方については、一応の知見がある。大正天皇／昭和天皇／今上陛下の践祚の儀式を知っているし、その時の文献資料や研究論文を手にすることが容易だからだ。しかし、「先帝の譲位→新帝の受禅」の御代替わり儀式となると、最も近い事例である**1817年3月22日（旧暦）の「光格天皇の譲位、仁孝天皇の受禅」**からでも二百年間が経っており、宮内庁書陵部《しょりょうぶ》の（仮にいれば）専門家を除き、儀式法の文献史料を手にすることも読みこなすことも難儀となる。

譲位・受禅を含む即位の儀式は、日向《ひゅうが》三代・神武天皇に始まり平安時代に確立した大嘗祭《だいじょうさい》こそが〝元来の即位式〟というべきものであった。これに持統天皇の頃より盛大に挙行されるようになった唐風即位式が加わったため、即位式が重なって二つになった。この問題については、桓武《かんむ》天皇が「大嘗祭、鏡剣璽渡御、即位式」を分離的に整理し、今に至る。これに続いて、譲位・受禅の儀式は、平城《へいぜい》天皇／嵯峨《さが》天皇／淳《じゅん》和《な》天皇の三代のご譲位をもって先例とし（注1）、これを清和天皇が『貞観儀式《じょうがんぎしき》』（8

表１；2019年５月１日の譲位・受禅の儀式が絶対に依拠すべき最小限の重要史料

譲位・受禅の重要史料	執筆者、編纂者	出版社、収録されている刊行物
『貞観儀式』しょうがんぎしき	清和天皇	『続日本古典全集　貞観儀式』現代思潮社
『西宮記』さいきゅうき	源高明	『神道大系　朝儀祭祀編　二』
『北山抄』第五巻　ほくざんしょう	藤原公任	『神道大系　朝儀祭祀編　三』
『江家次第』ごうけしだい	大江匡房	『神道大系　朝儀祭祀編　四』
『代始和抄』だいはじめわしょう	一条兼良	『群書類従　第26輯　雑部』八木書店
『光格天皇実録』第三巻	宮内省が編纂	ゆまに書房
『仁孝天皇実録』第一巻	宮内省が編纂	ゆまに書房

70年代前半）に纏められ公式化をなされた。清和天皇ご自身、876年、これに基づき位を陽成天皇に譲位された。

２０１９年に挙行される譲位・受禅の儀式も、平安時代のそれに従うことが絶対であるから、最低限、表１の文献史料（＝現在も遵守さるべき儀式法）に、その基本は正確に準拠していなければ、正しい儀式にならない。

なお、表１の儀式法と比較すれば、安倍晋三／菅義偉／山本信一郎／横畠裕介の〝天皇制廃止四人組〟らの赤い策謀から生まれた、譲位の匂い一欠《ひと》けらもない**反・譲位の〝人民法廷〟「四・三〇」の狂気性**が、瞬時に浮き彫りになる。

これを、さも譲位の式典だと詐称する「四・三〇」は、ルイ十六世のギロチン処刑を判決するジャコバン法廷から演繹《えんえき》的に考案されたもので、譲位の式とは、似てもいないし、全く相違する。それは、日本二千年間の歴史にない、〝天皇を侮辱《ぶじょく》し揶揄《やゆ》し、天皇に「追放」を判決する、**天皇晒《さら》しもの会場**〟にすぎないからだ。

第一節　安倍晋三が、今上天皇に〝廃帝〟を執行する「四・三〇」人民法廷

安倍晋三／菅義偉が進めている「四・三〇」退位式は、菅義偉が画いた図1が端的に示すごとく、「天皇よ、お前には絶対に譲位させないぞ！」の、今上陛下に対する（殺意すら漂う）激しい憎悪感情なしには発想できないシロモノ。今上陛下に対する処罰としての「退位」であり、その式典儀場は〝廃帝！〟と判決し宣告する人民法廷になっている。

天皇と皇太子が向かい合わずば、譲位・受禅の儀式になりえない

では、もし譲位の正常の式典ならば、どうなるのか。図2のごとく、天皇・皇后と皇太子が向かい合うものとなる。図2と比較すれば、安倍晋三と菅義偉が共同謀議した図1が**今上陛下を廃帝にする**人民法廷になっているのが、瀝然に明白となろう。

A、「五・一」譲位・受禅の儀式Ⅰ──宣命宣制の儀（25分、図2）

図2の儀式順序（旧皇族と公家と在京大使を上席とする参列者は、事前に直立にて参列している）は、次の通り。

1、天皇・皇后両陛下が、男性皇族／女性皇族を引き連れ、儀場に入御《じゅぎょ》。
2、皇太子殿下が、儀場にお入りになられる。殿下のみ、用意された椅子《いし》に着く。
3、宣命《せんみょう》大夫（だいぶ、京都の公家。もし見つからない場合は侍従長か）が、儀場に入る。
4、皇太子殿下が椅子から立たれる。これに応じて、**宣命大夫が宣命を宣制**する。
この宣制の後、参列者全員は、二回拝礼する。

図１；安倍晋三 / 菅義偉の「4･30」式典は（今上陛下に侮蔑語「退位」で）“廃帝”宣告の人民法廷

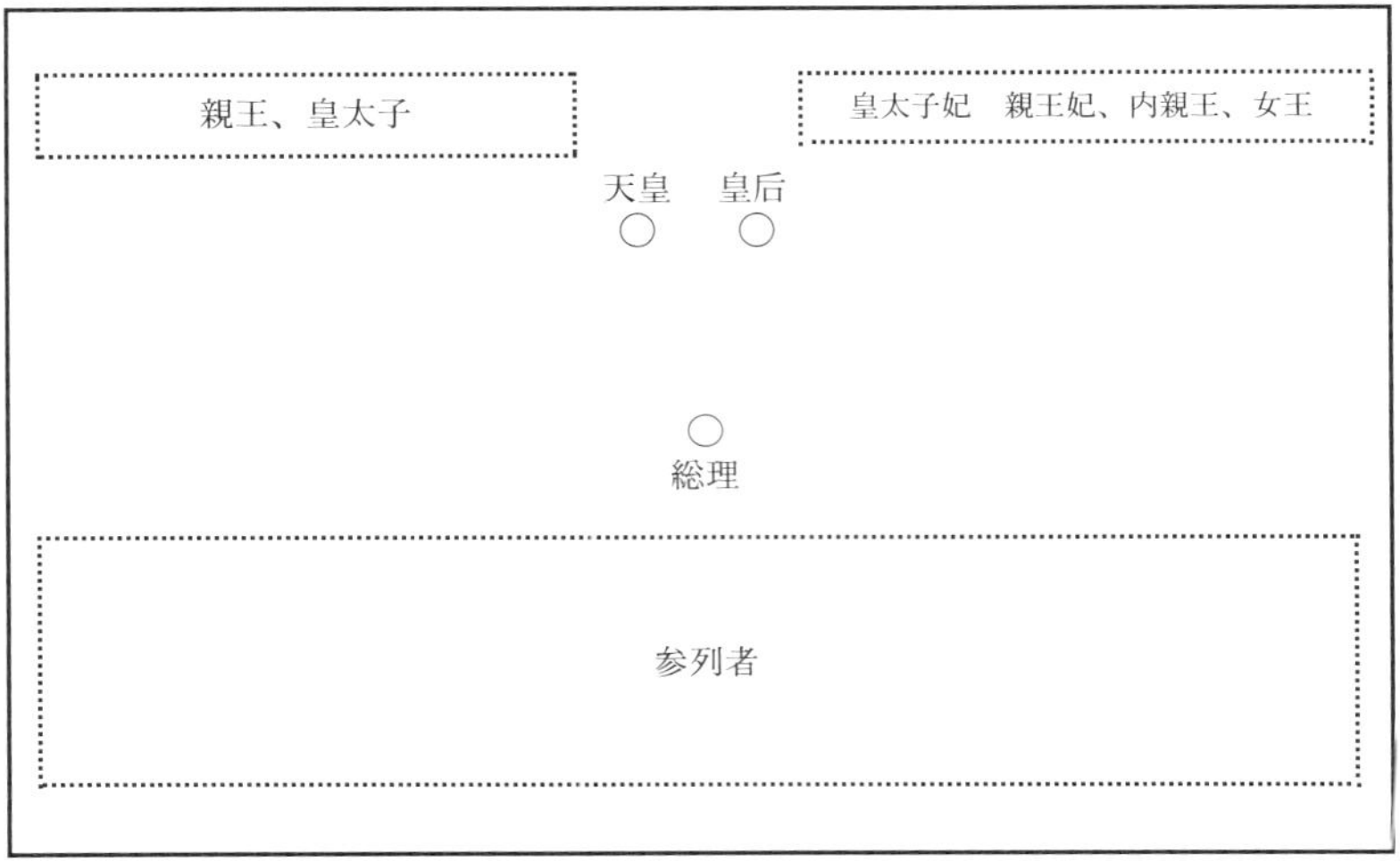

正殿「松の間」見取り図

図２；譲位儀式ならば、絶対に守られるべき、正しい儀場

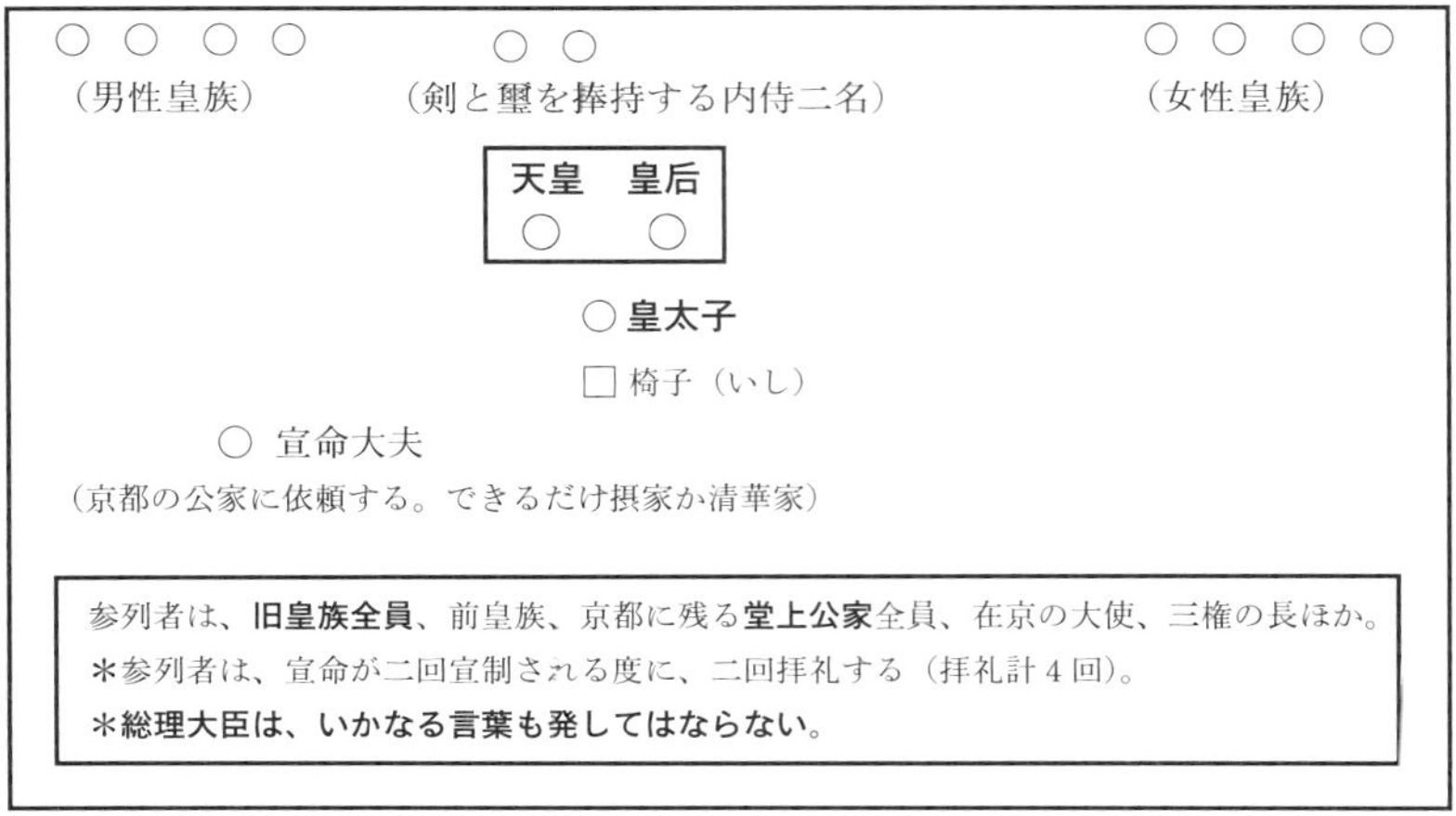

5、宣命大夫は二度目の宣命宣制をする。参列者全員は、ふたたび、二回拝礼する。

6、宣命大夫は、参列者の席に下がる。

7、受禅された新天皇は、上皇になられた前天皇ならびに前皇后に拝礼し、いったん儀場を出御《しゅつぎょ》される。新上皇／新上皇后は、そのままの位置で新天皇を見送られる。この時、参列者は、深く拝礼する。

8、新上皇／新上皇后と、男性皇族・女性皇族は、儀場でそのまま。これにて、当該儀式は終わる。この間、参列者も、そのままで退場しない。次のBとCの儀式が続くからである。

＊宣命大夫が立つ位置に版位（へんい、注2）を、式が始まる前に置く。これは、紫宸殿《ししんでん》での古式の雰囲気が蘇り、日本国民への歴史教育にも貢献するだろう。

譲位・受禅の儀の要である宣命の儀に続く、剣璽渡御と御袍《ごほう》・御笏捧持《おんしゃくほうじ》という二つの儀式について、その儀場のレイアウトを明示しておく。

B、「五・一」譲位・受禅の儀Ⅱ——**剣璽等渡御（承継）の儀**（5分、図3）

譲位・受禅（宣命）の儀に引き続き、剣璽等承継の儀を執り行う。この剣璽等承継の儀は、1989年1月7日のとは異なる。

図3；剣璽渡御の儀式は、剣と璽を捧持する内侍二名が先帝から新帝の背後に移動

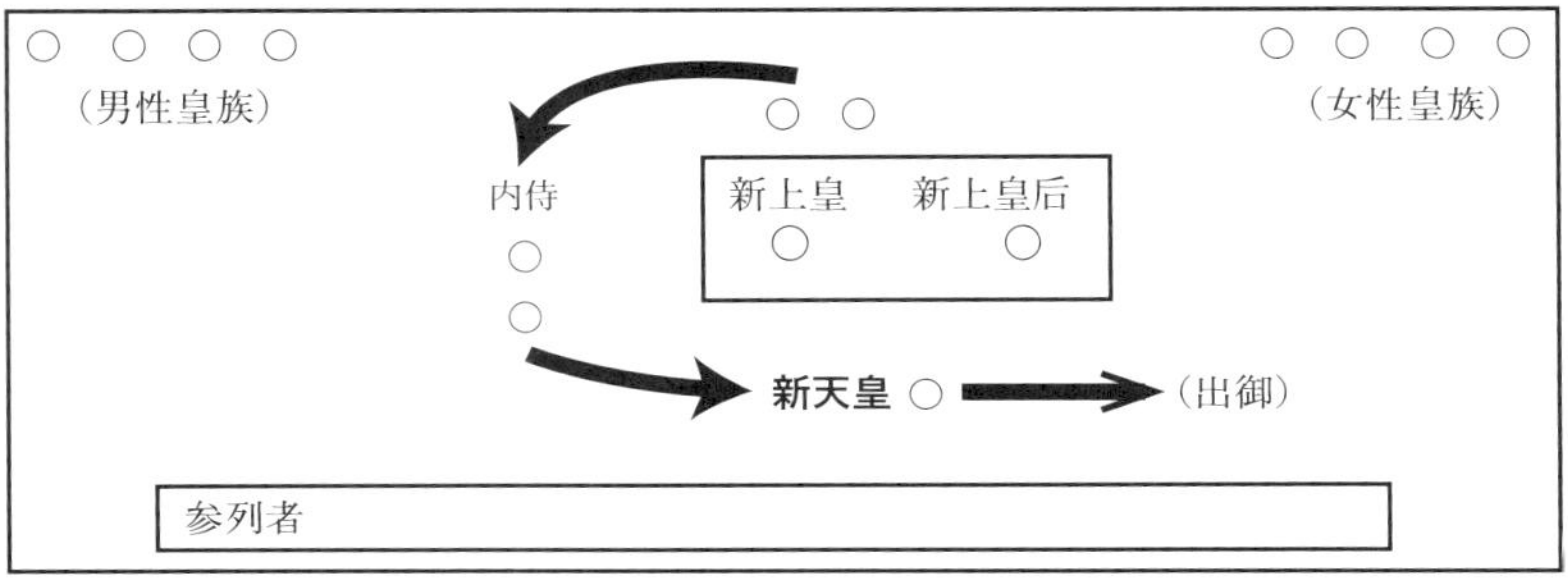

1、椅子《いし》が撤去される。

2、新天皇が入御され、新上皇・新上皇后の前にお立ちになる。新上皇が何らかの合図をなされる。新天皇は深く拝礼し、出御される。

3、先帝の背後に控える、剣と璽を捧持する十二単衣の内侍二名が、先帝の背後から新帝の背後に移動し、新帝の儀場出御とともに儀場をあとにする。これにて剣璽渡御の儀は終了する。

4、江戸時代までは、剣璽渡御の儀の中核は、儀場（紫宸殿）から新帝の御所までの、二百名を超える公家・地下官人が供奉《くぶ》するパレードであった。なのに、明治天皇・大正天皇・昭和天皇の即位礼では、この剣璽渡御パレードがなかった。儀場が京都で、御所が東京の皇居内（吹上御所）という、物理的距離の問題からであった。つまり、「しな

かった」のではなく、「できなかった」のである。２０１９年5月1日は、古式に従い、剣璽渡御パレードを復活すべきである。この場合は、御袍・御笏捧持の儀に関する順序を変更し、剣璽渡御の儀の前に行なっておく必要がある。

この剣璽等承継の儀に引き続き、皇居宮殿の正殿の間における最後の儀「御袍・御笏捧持の儀」を執り行う。新上皇・新上皇后の二陛下は、御される座が変わらないので、儀場を出御されない。新天皇が再び入御されて、儀式が開始される。なお、剣璽は、正殿における渡御儀式（Ｂ）の終了とともに、新天皇の御所の「剣璽の間」に遷幸されている。

C、「五・一」譲位・受禅の儀Ⅲ——御袍・御笏捧持の儀（10分、図4）

1、新天皇が再び儀場に入御される。

2、しばらく間をおいて、一名が**御笏**《おんしゃく》を、他の一名が**御袍**《ごほう》を捧持して、十二単衣の内侍（女官）二名が、儀場に入る。上皇・上皇后に拝礼し、その前に既に置いてある案（机）の上に、御笏と御袍を並べる。御袍とは黄櫨染御袍《こうろぜんのごほう》、御笏とは象

図4；御袍・御笏捧持の儀

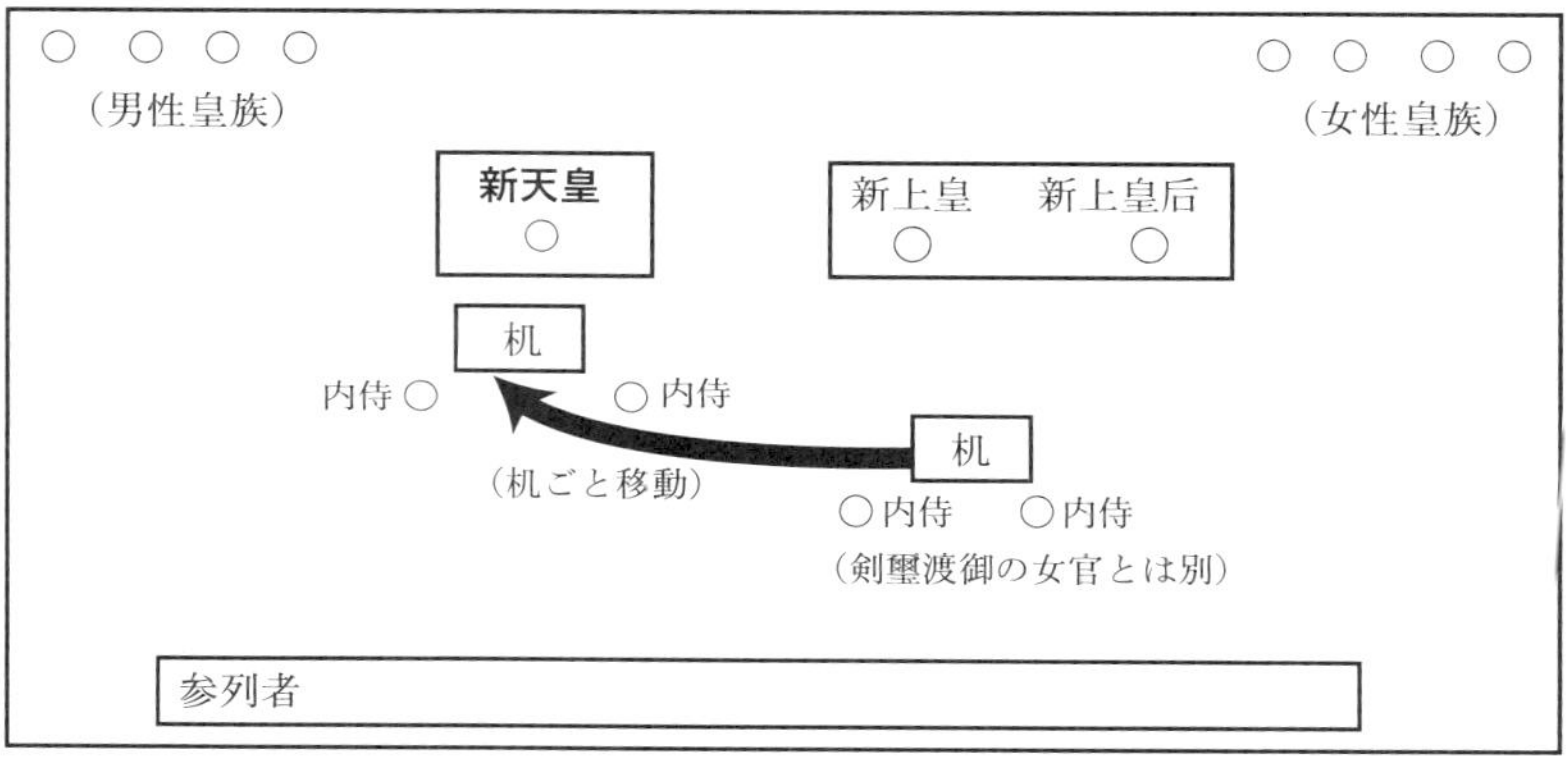

牙製の牙笏《げしゃく》のこと。

＊この儀式の直前、侍従が、「案（机）」を前天皇の前に置く。また、新天皇のお立ちになる座については、儀式Aの始まる前にセットしておくのが望ましい。

3、前天皇から「了解」のしぐさを得て、二人の内侍は、「案」の左右に立つ。次に「案」の左右それぞれ二つの角《かど》を持ち上げ、御笏と御袍が置かれた「案」を新天皇の御前に捧持するように移動する。

4、新天皇は、前天皇に向かって拝礼する。これに対し、前天皇も新天皇の方に向かれて目礼で応答する。

5、新天皇は、出御される。御笏と御袍を捧持する内侍二人が、新天皇に続く。上皇・上皇后の両陛下は、これを見送られる。

6、上皇・上皇后の両陛下も出御される。皇族がこれに続く。

7、参列者は、このあと、退場する。ただし、両陛下・皇族の出御から五分以上の時間をおかねばならない。

D、「五・一」譲位・受禅の儀Ⅳ――**譲位パレードの儀**（2時間、皇居→高輪）

国民は、譲位される今上陛下に直接に感謝の意をお伝えしたいのである。政府は、その機会をつくる義務を果さなければならない。その方法が、譲位パレードの挙行。**今上天皇におかれては、皇后陛下とともに、5月1日午後、例えば2時から4時、皇居から高輪までパレード**なされれば、全国から三百万人ではきかない、おそらく五百万人規模の真正日本人が沿道から拝礼し、手を振り、中には涙を流すだろう。

＊仙洞御所になる高輪皇族邸はまだ改修が終わっていないので、天皇陛下は皇后陛下と共に、しばらく高輪プリンスホテルでお休みになった後、暗くなった午後七時ごろ、パトカーの先導で皇居にお戻りになればよろしいのである。還幸《かんこう》には、十五分間ほどしかかからない。

第二節　八〇七名の「紫宸殿南庭→宜秋門→建礼門→仙洞御所」〝譲位パレード〟を挙行なされた光格天皇

今上陛下のご譲位に伴って必ず実行されるべき〝譲位パレード〟の先例は、二百年前の1817年（旧暦）3月22日に行われた。現在の暦では4月中旬頃であろう。ご譲位パレードについて、**〝悪魔の共産党員〟山本信一郎**（宮内庁長官）が、恐るべき真赤な虚偽「そのようなパレードは無かった」と政府部内と国民に撒き散らした。が、正しい歴史事実は、次の通り（図5参照）。

まず午前7時、一二〇名の駕《か》輿丁《よちょう》が担ぐ鳳輦《ほうれん》が御所（御常御殿）に到着し、光格天皇は紫宸殿に行幸された。7時半頃、光格天皇は鳳輦ご座乗のまま南階を上られ紫宸殿の殿上に。次に、殿上で鳳輦より出御され、十五分間程度の**①剣璽承継に関わる何らかの儀式**をなされた。午前8時、紫宸殿南庭に集合した**総勢八〇七名**の大行列に出発をご命じになられた。

御列は、そのまま南に直進し承明《じょうめい》門・建礼門を通れば短時間で仙洞御所に着くのに、そうはせずに、承明門から逆に北上し宜秋《ぎしゅう》門（唐御門）から内裏の外に出た。壮麗・華美な大パレードを京都市中から参集した武士・町人・僧侶に「拝見」させるためである。この②**〝ご譲位大パレード**（＝**「路頭御列」**という）〟は、宜秋門通りを南下し東へ左折し建礼門通りを、亀の速度で進んでいる。行列の速度を時速で７５０ｍから１km と仮定。

建礼門と対峙する側に、（所司代が提供設置した）「筵《むしろ》が敷かれた拝見桟敷《さじき》」が設けられ、ここに数千人以上おそらく一万人前後の武士・町人・僧侶が拝見に集まった。皆、正装。町人は一帳羅を着ている。拝見席は幅２５０メートル／７列と算定。１メートルにつき二人座ると仮定。この場合、正座で拝見できるのは約三千五百名。その後方に立ち見で約五千名を仮定。この日は、大内裏の蛤《はまぐり》御門など三つの門を一般人に開放したので、町人がこぞって大内裏内に入っている。

紫宸殿南庭から、宜秋門経由で、仙洞御所の御車寄《みくるまよせ》までの距離は約１５００メートル。時速１kmなら所要時間は一時間半。時速７５０メートルなら二時間である。二時間かかったと仮定すれば、光格天皇が仙洞御所・御車寄の前にて鳳輦から出御されたのは午前10時。一時間半の行程であれば、午前９時半。

③**譲位儀式**と受禅儀式の前半は、午前10時から午後１時の間の一時間ぐらいか。正

図５；光格天皇の“ご譲位パレード（路頭の儀）”

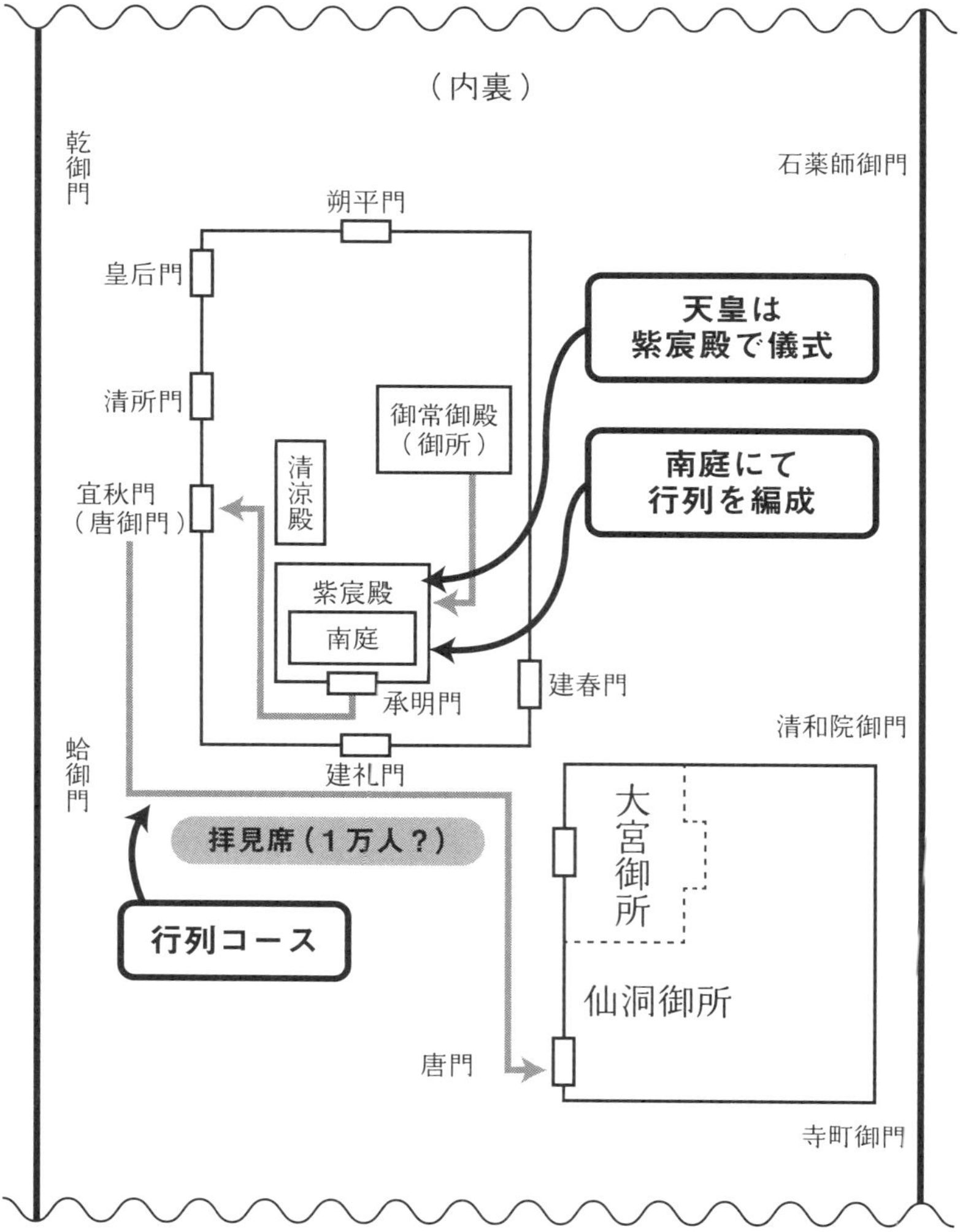

確な時間は不詳。儀場は、仙洞御所《せんとうごしょ》内の弘御所《ひろごしょ》（ミニ清涼殿）。参列する公卿ほか公家の数は意外に少ない。皇太子の名代は正親町大納言。

剣璽渡御の儀のため、光格天皇と共にあった剣璽は、午後2時頃、仙洞御所の唐門から内裏の建春門を潜り抜け内裏内に入り、南庭を通り紫宸殿の西側から天皇行幸御列とほぼ同じような〝御列〟で遷幸され、いったん清涼殿の「夜《よん》の御殿《おとど》」に仮奉安される。これより前、皇太子は、東宮御所（御花御殿）から清涼殿に行啓されておられる。

この清涼殿にて、関白が賀を奏して始まる**④受禅の儀**の後半が執り行われた。具体的な記録が、両天皇の『実録』の、いずれにもなく、詳細は不明。ただ、仙洞御所での譲位・受禅儀式における皇太子の名代・正親町《おおぎまち》大納言の復奏《ふくそう》や、宣命文に対する何らかの儀式を新天皇がなされたことは間違いない。

午後3時半過ぎ、清涼殿「夜の御殿」に仮奉安の剣璽が、新帝とともに紫宸殿に遷《うつ》られる。約百名の堂上公家がこれに従い、移動する。そして、紫宸殿にて、**⑤剣璽渡御の儀**が執り行われる。

その終了とともに、剣璽は担当する公卿以下が前後を供奉して、御常御殿に遷幸し剣璽の間に奉安される。地下官人や従者を含め二百名を超えるパレード。この間、新帝は清涼殿に戻られ、〝昼《ひ》の御座《おまし》〟に御《ぎょ》される。**⑥御常御殿《おつねごてん》「剣璽の間」で剣璽奉安**

の儀式を無事果たした公卿たちも、この剣璽遷幸パレードに参列した堂上公家も、次々に清涼殿に戻る。

清涼殿・東廂《ひがしひさし》で、**⑦饗宴《きょうえん》（饗餐《きょうさん》）**の儀が執り行われるが、午後7時頃（酉半刻）には始まったと仮定して、間違いないだろう。

最後に執り行われる重要儀式が、**⑧院司「折紙《おりがみ》」の儀**で、紫宸殿で執り行われる。これは、関白が清涼殿から抜け出し、仙洞御所に参上し、光格上皇から〝院庁に勤める公卿《くぎょう》七名／殿上人《てんじょうびと》十名の希望人事名簿〟（＝これが「折紙」に書かれている）を給わり、紫宸殿南庭の承明門に戻り、〝何らかの声を出し〟、これに呼応して清涼殿・東廂《ひがしひさし》に集合していた公卿・殿上人がいっせいに紫宸殿・南廂《みなみひさし》に移動。新天皇も紫宸殿の殿上の座に着かれる。折紙を回覧して、ここに名前が記されたものは南階から南庭に降り、紫宸殿に御される新天皇に向かって「この人事命令を恐懼《きょうく》して受けます」の意を示すべく拝舞《はいぶ》する（殿上座の新天皇に向かって、公卿《くぎょう》七名が右一列、殿上人《てんじょうびと》十名が左一列の二列）。

この後、院庁の「長官」になる右大臣は、代表して仙洞御所に参上し、任命されたことへ御礼と新職務への決意を上皇に奏上する。この時すでに時間は深夜を過ぎ、午前1時に近かったとある。纏めれば、表2のごとく、息もできないほど過密な儀式の

表２；おおむね八儀式で構成された、1817年３月22日の譲位・受禅の儀

	儀場	時刻（推定）
（所司代、参内し謁見賜る）	（御常御殿）	午前３時。天皇の御起床は午前２時半前
＊剣璽に関わる儀式	紫宸殿	午前７時半～７時50分。
＊譲位パレードの儀	紫宸殿・南庭→仙洞御所	午前８時～午前10時。
＊譲位の儀	仙洞御所（の弘御所）	午前10時～午後１時の間の一時間。
・受禅の儀	清涼殿	午後３時～３時25分。
・剣璽承継の儀	紫宸殿	剣璽の仙洞御所から清涼殿へ遷幸は午後２時～。午後３時半～に、仮奉安の清涼殿から紫宸殿へ。
剣璽奉安の儀ほか	御常御殿	午後５時～６時。公卿が執り行う。
・饗宴（饗餐）の儀	清涼殿	午後７時～。
・院司「折紙」の儀	紫宸殿	午後10時半～。
（関白、上皇に「終了」奏上）	仙洞御所	午前１時に近い午前０時過ぎ。

＊印は光格天皇が臨御。　・印は仁孝天皇が臨御。

連続であった。

〝天皇殺し〟の狂気から産まれた、譲位パレードを抹殺した山本信一郎の〝歴史大捏造の犯罪〟

さて、〝共産党員〟山本信一郎は、式部職や書陵部の職員なら知っている上記の〝光格天皇ご譲位大規模パレード〟を、どう改竄したか。**山本信一郎作『譲位・受禅の儀式史料を大改竄しよう』**（表向きの真赤な嘘ラベルは『歴史上の実例』）によれば、創作の核心は次の一文。

「光格天皇は、譲位儀当日、内裏から鳳輦により、**上級官人約八十人**の供奉で仙洞御所へ移られ…。この際、築地の塀内の公家や所司代の関係者から**お見送りを受けたもので、公衆に披露する御列（パレード）ではない。**」

〝公衆に披露するための巨大パレード〟が、どうして「公衆に披露する御列（パレード）ではない」と逆さまになるのか。〝パレード参列〟がどうして「お見送り」になるのか。「総勢八〇七名」という重要数字を、なぜ抹殺するのか。「八〇七名」がどうして「八十名」なのか。「堂上公家《とうしょうくげ》」を、通常用いることが決してない奇天烈な珍語「上級官人」に摩り替えた他意は何か。

たとえどんな凶暴な共産党員であっても、ここまでひどい**空前絶後の歴史捏造**を公式の宮内庁文書として内閣には提出できない。が、長官の山本信一郎は平然とやってのけた。また、国民を騙すべく、インターネット上にも平然と公開した。また、宮内庁内部でこれほどの真赤な嘘を部下に書かせることができた。これらは、良心が欠如する山本信一郎の犯罪者人格が、彼の狂信的な〝天皇殺しの狂気〟と複合していない限り、ありえないだろう。

宮内庁の書陵部や式部職には『光格天皇実録』『貞観儀式』を正確に読める職員がいくらでもいる。人伝えによれば、山本信一郎は部下に檄を飛ばし、『貞観儀式』『光格天皇実録』などジャンジャン改竄しろ、と激しく命令したという。これら山本信一郎が宮内庁の関係職員に発した言葉とその結果に対し、安倍晋三は厳格に調査し山本信一郎を直ちに懲戒免職しなければならない。また、警視庁も、ここまでひどい**空前絶後の歴史捏造**を、公式の宮内庁文書ででっちあげた事実は、山本信一郎が計画している、他の本格的な刑法犯罪も示唆していよう。山本を逮捕に至る捜査に、手抜きが

表３；日本国民が根本的に誤解するよう、山本信一郎は**“光格天皇譲位パレード”**を大改竄

史料の事実	山本信一郎の“悪魔の大改竄”	山本信一郎の狙いは、何か
パレード参列者は、807名	「上級官人約80人」	数字「807名」抹殺のため。
うち堂上公家・地下官人・その従者は788名	「上級官人」「従者」	正語「堂上公家」「地下官人」の抹殺のため。「中級・下級官人」は書かず。
所司代の武士35名。	「関係者」	ごく平凡な正語「武士」すら抹殺。
町人代表４名は先頭	言及せず	嘘「パレードでない」を隠蔽するための工作。
「路頭の儀」と、光格天皇が、重要な譲位儀式の一つと位置付けた儀式パレード。その参列者はパレード儀式参列者。見送りであろうはずもない。	「お見送り」	史料も実態も明快に大パレードだと明記しているのを、意図的に大改竄。今上陛下の譲位パレードをさせない犯罪意図が丸見え。「見送り」なら500㍍を越える縦一列の細長い隊列を組まない。この隊列では参列者は鳳輦が見えない。見えない「見送り」など、ありえない。
公衆に見せるのが、パレード目的の一つ。建礼門南側に大規模な「数千人用の拝見席」設置は、この証拠。	「公衆に披露する御列（パレード）ではない」	これほど悪意ある大改竄は、どんな詐欺師でも不可能。まさに前代未聞のフィックションで、真っ赤な嘘。山本信一郎以上の嘘つきは、日本では発見できない。

あってはならない（表3）。

光格天皇が譲位・受禅の儀を紫宸殿で取り行わなかった二つの理由

1、ご譲位パレードを最優先

譲位・受禅の儀式については、21世紀の日本国民が皇室の儀式法令と扱うべき『貞観儀式』『延喜式』『北山抄』『江家次第』『西宮記』『代始和抄』等のすべてが、**紫宸殿にて執り行え**としていることに依拠すべきである。実際にも、平安時代以降の、四十九回の譲位・受禅の儀式はすべて、紫宸殿にて執り行われた。

この〝法〟レベルの慣行を初めて破られたのが光格天皇。剣璽渡御の儀の方は、古式通りに紫宸殿で挙行されたが、「譲位の儀式は仙洞御所、受禅の儀式は仙洞御所・清涼殿」となった。このような儀場の分離方式も、儀場の非・紫宸殿も、変則的・例外的である。この理由を伝える史料があるかも知れないが、私はまだ手にしていない。

推測するに、譲位パレードは平安時代から続く慣行の儀式だが、これほどに大規模化した（備考）ことによって午前2時半にご起床された光格天皇は体力的に紫宸殿に戻れないと判断し、また3月22日は大内裏の開放によって武士／町人／僧侶の「拝見者」数千人が（パレードが終わっても）仙洞御所の周りに群がっている以上、**戻るとすれば少しおかしい**ものとなると、紫宸殿での譲位・受禅の儀式をご断念されたのではあるまいか。

（備考）ご譲位パレード参列の堂上公家／地下官人《じげかんじん》／その従者たち約八百名の装束はすべて新調のようだ。全額、光格天皇が代金をお支払いなされたと考えられる。幕府は、パレード費用を含めて二千両を献上したと推定される。

2、新天皇は、天皇であるので、格下の仙洞御所儀場への入御は不可

皇太子の恵仁《あやひと》親王が、仙洞御所のご譲位儀場に行啓の、入御《じゅぎょ》なされなかったのは、この式典によって受禅され新天皇になられるからである。天皇と上皇は、その政治的権能においては上皇が上であっても、〝位〟においては、天皇は上皇より上位にある。儀式は、〝位〟がすべてを決定する。新天皇が下位の上皇御所に御されるのは、〝位〟において許されない。

これは、建物にも格があり差別的に序列化している事を思い起こせば分かり易かろ

う。**「紫宸殿＞清涼殿＞御常御殿＞仙洞御所」**である。紫宸殿・清涼殿・御常御殿の〝主〟である新天皇は、下位の仙洞御所に行幸することはできず、光格天皇（→光格上皇）が譲位の儀式を仙洞御所で挙行される以上、天皇になられる恵仁親王は代理＝名代（正親町大納言）をもって臨御《りんぎょ》代行させるほかなかった。血塗られた山本信一郎が嘘つき共産党員六流官僚たちを集めて書かせた宮内庁『歴史上の実例』は、「恵仁皇太子は、譲位の儀式には**参列されなかった**」（2頁）とするが、悪意ある歪曲。「儀式中に新天皇になられるが故に、恵仁親王は、上皇御所での譲位の儀式への（行啓→）行幸が不可となり、**臨御が許されなかった**」と正しく記述されるべきだろう。

第三節　光格天皇の大パレード挙行は、『英国憲政論』の七十七年先取り

光格天皇は、二度も壮麗かつ盛大な行幸、すなわち「大規模な街頭パレード（御列）」——当時の語彙では「路頭の儀」——を実践なされた。このことにおいて、実に稀有な大秀才の天皇であられた。このような威厳や壮麗こそ天皇が為すべき〝属性

の義務〃の一つだとご理解できる卓見とその実践において、光格天皇は、室町時代から衰微いちじるしく困窮にすら遭遇せざるを得なかったそれまでの皇室経済を大幅改善し、朝廷と幕府の関係を一気に朝廷優位の権威回復にベクトル転換されたのである。

第一回パレードは、まさに〃スーパー大パレード〃で、当時の江戸幕府は唖然と仰天した。これをもって光格天皇は、幕府内で一気に警戒されると同時に尊崇も集めた。実際に、光格天皇を敬仰する徳川一門や譜代大名が急増した。第二回の〃譲位パレード〃に全面協力した京都所司代・大久保忠真《ただざね》（小田原藩主、のち老中職を二十年間。仙洞御所に「一升石」11万ヶを献上）や、内裏《だいり》研究を助成した尾張藩主・徳川斉朝《なりとも》らは、これらの氷山の一角にすぎない。

１７９０年11月22日、数え二十歳の光格天皇は、天性の大秀才ぶりを発揮された。この日は、（三年前に火災で御所が焼失したため）仮御所とされていた聖護院から新造の御所への還幸である。それを、江戸幕府に対する威圧効果抜群のものへ、そして都《みやこ》中の一般国民が一気に皇室への尊崇を沸騰させるものへ、活用することにした。新御所遷幸の、歴史的に記録される**豪奢《ごうしゃ》にして壮麗かつ大規模な街頭パレード**は、こうして実行された。

正装で供奉するもの約一千五百名、騎馬百頭以上。光格天皇がご座乗《ざじょう》される鳳輦を肩に担ぐ駕輿丁《かよちょう》が五十四名、これに鳳輦を四方向から引っ張る駕輿丁各六名に御輿長《みこし》八名を加え三十二名で総計八十六名。

聖護院と内裏の距離は直線にして僅《わず》か二kmだが、それでは街頭パレードにならない。光格天皇は、（幕府や一般国民に）「見せる」街頭パレードをご企図なされた。ために、わざわざ遠回りすべく、コースは聖護院からいったん東に向かいその後に直角に南下し、さらに西に直角方向転換して三条大橋を渡り、柳馬場通りを北上し境町御門から建礼門に向かっている。距離にして四kmを越える。

時刻と速度。行列は、先頭が午前8時に聖護院を出発し、行列の中央に位置する鳳輦が内裏に入ったのが正午頃。つまり、掉尾《とうび》まで考えると四時間以上もかかっている。パレード時速はほぼ1km。しんがりは、警備も兼ね、京都所司代の太田資愛《すけよし》（掛川藩主）であった。建礼門では、町人代表が裃で正装し正座してお迎えをした。

そして、この街頭大パレードを記録すべく、大坂の絵師・吉村周圭《しゅうけい》に六曲一双の屏風絵を描かせている。むろん、一千五百名一人一人の顔と服をデッサンするので、行列の周りにくっ付きながら筆をとるアシスタント絵師は百名を優に超えただろう。ともあれ、この屏風絵があれば、その後、何かにつれて幕府側の要人に静かに見せるだけで無言の圧力（権威向上）になる。光格天皇の政治的判断力の高さは、のち尊号問題で一戦を交える松平定信が小物に見えてくる。
新内裏への光格天皇の「ド派手で大規模な〝1790年還幸行列〟」をふと思い出した時、二つのことが頭に浮かんだ。一つがバジョットの『英国憲政論』（1867年）。もう一つが、天皇は何をなすべきか／どうあるべきかの〝天皇位〟に対する意識や思想で、質素主義の今上陛下が光格天皇と真逆であられること。
バジョットの『英国憲政論』をいくつか引用しよう。

「昨日の制度は、今日の制度として最上無類である。…尊敬を勝ち取るのに最も誂え向きのものである。昨日の制度だけが、この尊敬を受け継いでおり、新しい制度は、新しくこれを獲得しなければならないのである。**人間の創った最も堂々とした制度は、最も古い制度である**」

「英国の国体（憲法）は、歴史的な、複雑な、そして**威厳ある演劇的部分**をもっている。これは目には見えないが、絶大な力によって、被治者大衆を動かしている。その外観は、**堂々たるゴシック時代の壮麗さを帯びて威厳**をもっている」（以上、72頁）。

「**統治機構の威厳をもった部分**は、機構に力を与えるとともに、その力を発させるものである。機能する部分（政府）は、その力を利用するにすぎない。従って、統治機構のお飾り的な部分も必要性をもっている」
「民衆の**尊敬の念を呼び起こし、**これを保持する部分を、仮に**威厳ある部分**と呼ぼう」（以上、68頁、注3）。

天皇制度（王制）の必要性と有用性を簡潔に論及した、実に見事な視点である。しかも、〝天皇側が一般国民に対して（幹部分ではなく）枝葉の部分の制度はどうあるべきか〟を示唆してくれる著作物は、二千年間もあったのに、実は日本にはない。日本には帝王学があるが、花園天皇の『誡太子書《かいたいしのしょ》』のように、天皇の資質や徳性を高める／陶冶《とうや》することに焦点を絞っているものばかり。

桜の木に譬えれば、健康で病気をしない／虫がつかない桜の木に育つことをもって帝王学としている。桜を観賞する者を惹きつけるには、花はどう美しく咲かせればいいか、若葉を美しく映えさせるにはどうするかなど、観賞者の心理をつかむことによって天皇制度そのものの安泰と永劫性を盤石にする思考や思想の理論は日本にはない。

だが、光格天皇の１７９０年の大パレードは、満開の桜の花を一千五百本ほど同時に見せるがごとく、江戸時代の日本人に八百年以上の昔の平安時代の壮麗な美の絵巻物を眼前に繰り広げたのである。しかも、四時間にもわたって。

この華麗なる美に包まれた「八百年以上の昔の平安時代の壮麗な美の絵巻物」を国民に提供できる光格天皇こそ、バジョットの言う「堂々たるゴシック時代の壮麗さを帯びて威厳」ある天皇だし、バジョットの言う「真の君主制になくてはならない神秘的な尊敬や宗教的な忠誠心が生じる感情」（67頁）を引き出せる天皇ということになろう。光格天皇は、バジョット『英国憲政論』（1867年）に先駆けること七十七年、すでに『英国憲政論』の偉大な実践者であられた。

注

1、皇位が安定していた平安時代は「譲位」率は50％以上——皇位不安定化の直接原因となった南北朝時代の「譲位」とは逆。表4参照のこと。
2、「版位《へんい》」とは、紫宸殿などでの儀場で、参列者の立ち位置を示す目印の木の板。21㎝四方で厚みは15㎝ほどある。漆で位階が書いてあり、参列者は大広間に入った直ぐに、かなり遠くても自分が立つべき位置がわかる。
3、バジョット『イギリス憲政論』、『世界の名著』72、中央公論社。

表４；譲位率が50％以上だった平安時代は、皇位は最安定期だった

先帝	崩御or譲位	先帝	崩御or譲位	先帝	崩御or譲位
桓武天皇	崩御	醍醐天皇	事実上の崩御	後冷泉天皇	崩御
平城天皇	譲位	朱雀天皇	事実上の崩御	後三条天皇	譲位
嵯峨天皇	譲位	村上天皇	崩御	白河天皇	譲位、院政創始
淳和天皇	譲位	冷泉天皇	譲位	堀河天皇	崩御
仁明天皇	崩御	円融天皇	譲位	鳥羽天皇	譲位
文徳天皇	崩御	花山天皇	譲位	崇徳天皇	譲位
清和天皇	譲位	一条天皇	事実上の崩御	近衛天皇	崩御
陽成天皇	譲位	三条天皇	譲位	後白河天皇	譲位
光孝天皇	崩御	後一条天皇	崩御	二条天皇	崩御
宇多天皇	譲位	後朱雀天皇	事実上の崩御	六条天皇	譲位
——	——	——	——	高倉天皇	譲位

備考１；「事実上の崩御」とは“不治の御不例”を悟られ仏門帰依のため譲位され、ほぼ旬日で崩御されたケース。

備考２；「遜位」は「譲位」と同義。「受禅」は、先帝の譲位に伴っての践祚を謂う。先帝の崩御の践祚には用いない。

第二章　「四・三〇」は、天皇陛下を揶揄し侮辱し「追放」する人民法廷

安倍晋三が股肱《ここう》の部下として重用する〝名うての天皇制廃止狂〟二人によって、天皇制廃止の法制度と先例づくりが着々と進められてきた。〝名うての天皇制廃止狂二人〟とは、内閣官房長官の菅義偉と宮内庁長官の山本信一郎のこと。前者は法政大学夜間部在籍中に、後者は京都大学法学部在籍中に、「民青」に入った（入党した）。

安倍晋三は、この共産革命家二人に、来年の今上陛下の〝フェイク譲位〟（実際には「譲位」とは逆の、「廃帝宣告の退位」）と新天皇の〝フェイク受禅〟（実際には「受禅」ではなく、主権ある国民の奉戴による、新王朝の初代天皇としての即位）の逆立ち式典の全てを丸投げしている。が、「丸投げ」とは了解していることだし、安倍晋三が総理だから「そう命令した」と解すべきだろう。

つまり、**①今上陛下に「譲位」させるな／「廃帝宣告の退位」にせよ、**および**②新天皇に「受禅」させるな／主権ある国民の奉戴による新王朝の初代天皇として即位させよ、**のいずれも、安倍晋三が決定し命令したことになる。

わが国の二千年におよぶ天皇制度にあって、「譲位禁止」「受禅禁止」という〝反・皇位継承〟の御代替わりは前代未聞。譲位禁止かつ受禅禁止だから、むろん皇位継承ではない。神武天皇以来、皇位継承で万世一系を紡いできた日本国の偉大にして聖なる皇統は、２０１９年４月30日／５月１日の、**譲位禁止の退位／受禅禁止の即位**によって切断される。天皇制廃止の一歩手前に当たる〝**反・皇位継承**〟革命が、「四・三〇」「五・一」に遂行されるからだ。

日本国が開闢《かいびゃく》してこのかた、初めての反・皇位継承が、〝逆さ嘘レッテル〟「皇位継承」をベッタリと貼られ、次代において断行される天皇制廃止の先例づくりのため、安倍晋三によって、人民主権論の純・共産党製の式典で強行されるのである。

第一節　皇位継承排除の廃帝宣告「四・三〇」は、憲法蹂躙の憲法違反！

では実際に、安倍晋三のフェイク皇位継承（＝反・皇位継承）は、どのように遂行されるのだろうか。安倍晋三は、歴史上前例のない「退位」であるからして何でも俺様が創作できると、前衛芸術家になったつもりなのか、戯《たわむ》れも度の過ぎた次の二つを「四・三〇」式典の中核にした。安倍晋三が**了解**し菅義偉が独裁的にデッチアゲた「天皇陛下のご退位に伴う式典についての考え方」の一頁に、次のように行うと決定している。

① 内閣総理大臣の寿詞《よごと》。この時、安倍晋三は、凶暴な不敬行為を実行する。なぜなら、皇太子殿下の御座であるべき、天皇の真正面に自分が座り、なんと受禅される皇太子殿下を壁際に追いやり〝窓際族〟に扱うという、暴力団でもできない傍若無人の行動に徹するからである。

② 天皇陛下のお言葉（＝勅語《ちょくご》）。これは、菅義偉が共産党員学者に依頼して書かせ、「オイ天皇、これを読め！」と渡す。

まず、②について。譲位式典で声を発せることができるのは、宣命大夫《せんみょうだいぶ》のみ。天皇が宣命文をお聞きになられた後、「それでよし」と声を発せられる慣行があることをもって（注1）、儀式中に天皇の御発声があると誤解してはならない。これは式典の準備中で、式典が始まった後ではない。天皇と同じ神社のご神体は無言であるように、新旧の天皇は神社のご神体と同じく沈黙をもって儀式に臨み、それを見届けられる。これが譲位・受禅の儀式の根本である。

次に、①について。２０１８年2月末、菅義偉がつくった文書から、「四・三〇で、総理大臣の寿詞《よごと》がある」と知った瞬間、「えっ！」と私は絶句した。今上天皇に対する、安倍晋三の侮辱的な冒瀆《ぼうとく》行為の余りのひどさに、私は唖《おし》になったごとく言葉を失ったのである。

慶祝の「即位の大礼」では、総理大臣の寿詞はありえる。が、譲位される天皇に対して寿詞などあろうはずもないではないか。安倍晋三を単に常識がない〝非常識の男〟だとして、この〝世紀の蛮行〟を見逃してならない。安倍晋三は、今上陛下を侮蔑的に揶揄すべく、定年退職するサラリーマンに結婚のお祝いと同じ、「寿」を贈る悪フザケをしているのである。いや、それ以上。

今上陛下は、譲位に際して、大敗戦の1945年8月からの七十年以上の苦難の御体験も含めてさまざまな過去が脳裏を駆け巡っておられるであろうが、天皇の譲位を自分の人気取りの好機とばかり、安倍晋三は「そんなこと俺の知ったことか」と、譲位式典で臣下が絶対にしてはならない不敬を越えた〝**世紀の野蛮スピーチ**（無礼演説）〟を考案したようだ。

安倍晋三の正体は暴走族と同類のナラズモノだが、それが剝《む》き出しになったといえる。安倍晋三が「俺様の方が天皇より偉いのだ」と思っていない限り、「寿詞」など、今上天皇を揶揄する行為ができるはずないではないか。

今上陛下は、皇太子殿下に皇位を譲位されるのであり、それは祝い事ではなく、聖なる神事である。大嘗祭でニニギノミコトに化神されることによって神武天皇以来の天皇が二千年前からもこれからの未来でも何時も同一体であるように、天皇の代替わりとは、この世での現身《うつしみ》における永遠の天皇の生成である。神聖な神事の性格を持つのが皇位継承で、厳粛の中でも特段に厳粛でなくてはならない。そんな荘厳にして聖なる譲位に対し、『総理の寿詞』などという、無礼千万な〝世紀の不敬〟は、かつて日本史に一度も存在しない。なお、即位の大礼のみ祝い事である。

反・皇室の本性を剝き出した、〝天皇憎悪〟の安倍晋三は、参列者リストから旧皇族と公家を全面排除

安倍晋三が了解し菅義偉が創作した、「天皇陛下のご退位に伴う式典についての考え方」の二頁に、「参列者の範囲」が書いてある。驚くなかれ、内閣の閣僚、国会議員、地方の政治家など、全員が政府関係者の日本人のみ。何とも異様の一語に尽きる。旧皇族も公家も黒田清子様すら排除されている。在京の各国大使すら排除している。陛下の交遊関係者も一人残らず排除している。

諸外国の元首や王族の中には、これまでの今上陛下との御付き合いからして、譲位

儀式に是非とも参列したいと考えている方がかなりの数になると聞いている。が、安倍晋三も菅義偉も、**今上陛下のご譲位を断固阻止する**と決意している。両名はまた、せっかくの**天皇制廃止の〝廃帝！〟人民裁判のリハーサルで退位強制の予行演習**を、世界に普遍的な礼節ある正常な儀式としては決して挙行しないぞ、と確信犯的な革命決行を決意している。だから、安倍晋三は、今上陛下に参列したいと連絡された諸外国の要人すべてに対し、無視し排除することを断行した。

外国の賓客が参列すれば、必然的に、通常の常識的な譲位儀式にせざるを得ない。だから安倍と菅は、退位式典は国会議員を中心に、天皇制度を擁護する精神を喪失した、腐敗きわめる〝非・国民の公務員〟だけにしたのである。

なお、天皇制廃止の〝共産党革命語〟「簡素化」は、〝譲位させない、廃帝人民裁判リハーサル〟「四・三〇」の実態を隠蔽する効果のある魔語スローガンである。実に巧妙な嘘ラベルである。正しい〝皇位継承儀式〟つぶしの実に好都合な口実として「簡素化」が悪用されている異常に、国民はもっと目くじらを立てねばならない。

譲位・受禅儀式に参列する筆頭は、言うまでもなく、第一に前皇族と旧皇族。第二に公家。第三に陛下と特段に親しい方々。この中に、外国の王族が多数含まれる。第四が在京の大使。在京の大使を、国務大臣や国会議員より優先しないのは、憲法第七条違反である。なぜなら、憲法第七条の国事行為として、今上陛下は過去三十年、「外国の大使および公使の接受」をなされてこられた。

「4月30日退位」は、表向き「式典であるか」の擬装をしているが、実際はそうではない。ルイ十六世の王権を停止し、囚人としてタンプル塔に拘禁したジャコバン党の1792年8月10日革命の模倣だからだ。国王ルイ十六世から**王位剝奪の蛮行**を、犯意露わに再現したのが、今上陛下に対する「4月30日退位」人民法廷である。

伝統に違背する勅語形式を廃し、宣命形式に戻さずば、ルイ十六世処刑方式が定着する

天皇陛下の勅語は、今では、今上陛下の「即位の大礼」勅語（1991年11月12日）に見るごとく、札付き共産党員官僚が独占的に書く慣例となった。天皇は今や、共産党員官僚が書いた〝赤い原稿〟を読むロボットか囚人かに貶められている。現に、今上陛下の「即位の大礼」での勅語は、仏国王ルイ十六世の〝憲法発布を祝う勅語〟（1791年9月14日）をそのまま丸写ししたもの。この一年四カ月後の1793年1月、ルイ十六世は、この憲法の条文に従ってギロチン処刑された。両勅語を比べてみよ。

全く同じである。

●ルイ十六世の勅語「朕《ちん》は国民と法律に忠実であること、**国民議会が定めた憲法を護持し、**法律を施行させるため、**朕に賦与《ふよ》された権限すべてを行使することを誓う**」。

●今上陛下の勅語「**日本国憲法を遵守し、日本国および日本国民統合の象徴としてのつとめを果たすことを誓い…**」。

昭和天皇の即位勅語は、天皇の位が祖宗より受けた皇統の史実をありのまま闡明《せんめい》し、この事実に基づき「民を視《み》ること子のごとし…」と、その内容には問題は何一つない。しかし、大正天皇・昭和天皇の勅語形式は、内容に問題がなかったにせよ、それ以前の宣命形式の伝統に違背していた。このような伝統破壊は、すべきでなかった。

現に、勅語形式の三回目に当たる今上陛下の場合（1991年）、血塗られた狂気のフランス革命のジャコバン党が起草した**王制廃止の勅語**と同じものを強制的に読ませる、共産革命の道具に悪用された。皇位継承の絶対原理〝世襲〟を否定する〝共産党語〟「憲法遵守」のような、共産国家の人民主権主義の高らかな宣言を強制された。

三十年前（1991年）の今上陛下の即位の勅語ですら、これほど激越な天皇制廃止イデオロギー一色の文言を天皇に強制できたのは、霞が関官僚の間では「天皇は、政府、すなわち共産党員官僚の下僕だ」が決定的なコンセンサスになっているからだ。今では、このコンセンサスはもっと濃縮され、もっとひどくなっている。

ならば、正しい譲位・受禅の儀式であれば、**天皇も新天皇も正しく無言・沈黙でありえる**のに、二千年間の伝統に叛乱し破壊し尽す安倍晋三の〝廃帝〟宣告人民法廷では、今上陛下に強制される勅語がどんなに真赤でどんなにひどいものになるかは、想像する以前に明らかではないか。**今上陛下に**（80％共産主義者の）**安倍晋三が強制する〝共産党製勅語**（＝お言葉）〟を、国民は断固として阻止しなければならない。

しかも、第一章の図2（22頁）で明示したが、**正しい譲位・受禅儀式に戻せば、新旧の天皇は、何ら勅語を賜る必要はない。**安倍晋三が、宣命《せんみょう》方式に変更し、宣命大夫を公家から任命し、漢文の大家に委嘱して宣命文を起草させるならば、80％共産主義者の安倍晋三も、ロシアから侵入した対日侵略者という自分の本性（対ロ売国奴）を多少は改善して、半分ほどは本物の日本国民になれるというもの。もう一度言う。譲位式典における天皇の勅語形式は、平安時代からの皇位継承伝統を冒瀆《ぼうとく》する。断固、廃止せねばならない。

内廷の侍従と女官を除き、宮内庁の官僚を一人として儀場に入室させてはならない

宮内庁長官の山本信一郎が、共産党員で超過激な極左革命活動家だから、その排除のための方策としてではない。譲位・受禅は、**内廷の侍従や女官**が黒子の中核を担うものであって、外廷の者が、儀場に現れてはならない。外廷の宮内庁職員は、外部からの参列者の整理等を担当しても、儀式においては内廷と外廷は峻厳と区別されるべきである。儀場や儀式に関与してはならない。

譲位・受禅の分離と一日空白は、特例法第二条に重大違反。5月1日の同時挙行のみ〝合法〟

特例法第二条は、「天皇は、この法律の施行の日限り、**退位**し、皇嗣が直ちに即位する」と、〝一日で退位・即位を行え〟と定めている。すなわち、同日の同時刻でない「4月30日の退位、5月1日の即位」は、特例法第二条に重大に違反する〝違法の

極み〟である。

経緯を辿《たど》ると、安倍晋三は、特例法附則第一条第二項に従って、２０１７年12月１日に開いた皇室会議の意見を聴取した形において、「４月30日を施行日とする」政令を定めた。つまり、この政令と特例法に従えば、４月30日の同日に「退位」と「即位」とを執り行わなければならない。なお、ここでは、それぞれを正語「譲位」「受禅」に置換できないので、特例法の狂った用語をそのまま使用する。

このように、「退位」「即位」を合法に挙行するには、それは４月30日でなければならない。が、改元や暦の問題から、４月30日は不適当。５月１日の方が当然に妥当で適切。よって、施行日を５月１日に是正すべきである。

政令の変更是正は閣議決定だから簡単に済むが、皇室会議の方はもう一度開催するのは問題となろう。とすれば、前回の皇室会議の出席者全員に持ち回り議事録修正で処理するほかない。戦前の皇族会議では、持ち回り決済をした前例がある。

５月１日に譲位と受禅が同時に挙行するとなれば、必然的に、その儀式は第一章の図２とならざるを得ず、伝統に合致した正しい儀式への是正ともなる。**５月１日に譲位と受禅の式を同時挙行**する以外に、いかなる他策も存在しない。

"譲位"式典は、国民に譲位事実を明らかにすることではなく、皇太子に皇位を譲る儀式

（天皇に対する尊崇が一欠けらもない上に、分裂病系の誇大妄想症の）安倍晋三が了解し、真赤な菅義偉（凶悪な過激共産党員）がデッチアゲた「天皇陛下の御退位に伴う式典についての考え方」は、「譲位」について、真正の日本人なら卒倒する、スーパー狂気の定義をしている。多くの問題のうち、まず四点を指摘しよう。

「天皇陛下の御退位に際し、天皇陛下の**①御退位の事実を広く国民に明らかにする**とともに、天皇陛下が御退位前に**②最後に国民の代表（首相）に会われるため**の式典とする」

「安倍晋三総理が、**③（今上陛下に対して）天皇陛下が御退位されることを申し上げ、④天皇陛下に感謝を述べる…**」

御退位の事実を①広く国民に明らかにしたいのであれば、皇太子殿下への譲位儀式

の方が、はるかに理に適うし、明快である。また、譲位パレードを実施することの方が、国民に明らかにする効果は数百万倍も絶大である。また、第一章の図1と総合すると、今上陛下は、皇太子殿下を窓際に追いやり、不敬も甚だしく皇太子の御座を占有する、スターリンを自認する〝狂気の独裁者もどき〟安倍晋三に向かって、「退位を認めて下さい」とお願いする儀式になっている。法学的にも政治的にも、主権者の人民と人民政権に対し、〝囚人の天皇陛下〟が哀願する形式を強制している。

善意に解釈しても、「社長」安倍晋三が、「良く働いた社員」天皇陛下に退職を認めてあげる擬制を、式典化している。しかも、②と総合すると、天皇の譲位は譲位ではなく、まさしく会社員の退職と同じ、任命権者（社長）への辞職の挨拶となっており、「皇位を譲る」という形式は煙ほども存在していない。つまり、凶悪な共産革命ふんぷんの〝狂語〟「退位」は、「退職」から捏造されたとも考えられる。

今上陛下は、憲法第二条と皇室典範の全てが明快に定める、二千年におよぶ古来からの皇位継承法と〝世襲の原理〟において、天皇の地位にあらせられたのであって、内閣とか政府とか国民から、その地位を得たのではない。〝世襲の原理〟は、現世代の国民の意思を超越している。

安倍晋三が「④天皇陛下に感謝を述べる」行為は、社長が退職していく（良く働いてくれた）老社員を労い「感謝する」と同じものであり、「安倍晋三が上、今上陛下が下」になっている。譲位の式典においては、総理が、畏れ多くも「感謝」などを万が一にも天皇に対し、振り回すべきではない。何かを奏上したいのなら、皇位を受け継がれる**新天皇（皇太子）への忠誠義務を宣言し、**この忠誠義務を今上陛下に誓う（約束）こと、これのみだろう。つまり、譲位される天皇に、後の憂いをなくすことが、国民の今上陛下への真正な感謝である。これ以外の感謝は嘘偽りで、無礼千万な〝超不敬の狂言〟にすぎない。

また、個々の国民が天皇に感謝するのであって、安倍晋三が国民を代表して感謝など、国民に対する侮辱も甚《はなは》だしい。これこそは、国民の天皇に対する尊崇を踏みにじる〝夜郎自大〟が面目躍如する安倍晋三の、国民に対する冒瀆行為の極み。

国民は、直接に天皇に対して感謝したいのだから、政府は、その機会をつくるべきである。それが言うまでもなく、譲位パレードの挙行。5月1日午後、例えば、2時から4時、皇居から高輪まで今上天皇がパレードなされば、全国から三百万人ではきかない、おそらく五百万人規模の真正日本人が沿道から拝礼し、手を振り、中には涙を流すであろう。

もう一度言う。国民の今上陛下への感謝を、安倍晋三は国民を代理して表すことはできない。なぜなら、感謝は道徳感情だからである。「感謝」を代表できると安倍晋三が考えるのは、安倍晋三が、人格異常者（サイコパス）だった父親のDNAを継ぎ、ハイエクの言葉を借用すれば〝致命的な思い上り〟を病むからである。また、精神医学的に**分裂病系の誇大妄想症**だからである。5月1日の譲位・受禅の儀式で、安倍晋三は〝参列者の代表〟になり得ても、一参列者以上になることは許されない。

最後に、③「安倍晋三が、天皇に御退位になることを申し上げる」についてだが、これは安倍晋三が、**今上天皇に対して、退位を命令する行為**に他ならない。安倍晋三は、とうとうスターリンを崇拝する共産主義独裁者になりたい本音を露骨に顕わした。安倍晋三を日本国から追放しなければなるまい。

立憲君主の天皇制度を奉戴する〝自由と高貴な日本国〟にとって、「天皇より俺様は偉いのだ」と妄想する政治家は、必ず日本国を根底から毀損《きそん》する。安倍晋三が日本国にとって最危険人物だと判明した以上、「偉大な歴史の共同体」を担う日本国民は、安倍晋三を早急に追放し、祖国日本の護持という〝運命の義務〟を果たそうではないか。

注

1、平安時代からの譲位儀式では、譲位儀式を始める直前、「宣命文を慌てて起草する」かの演技が、定まった儀式慣行。むろん、宣命文は前日までに起草され天皇のご承認を得ている。が、内記が慌てて起草したかの擬制で、この宣命文を天皇が天覧され「よし」と頷かれると、参列の公家はいっせいに〝称唯　いしょう〟を発する。〝称唯　いしょう〟とは逆さ読みだが、口を覆って「おお」と声を上げること。

第二節　真赤な嘘と奇怪詭弁を垂れ流す、〝菅義偉の赤い親衛隊〟四銃士

今上陛下に〝廃帝！〟と宣告する〝共産革命〟「四・三〇」退位式は、安倍晋三を総司令官とし、**参謀総長が菅義偉**である。次に、「四・三〇《退位》式による共産革命」を成功させるために、菅義偉の命令に従い、詭弁を嬉々と考案し献上した「赤い有識者」が菅義偉の参謀に当たり、実は四名いた。園部逸夫《そのべいつお》／所功《ところいさお》／石原信雄／本郷恵子（表1）。これら札付き〝菅義偉の赤い犬〟四匹は、大量の石を投げつけられ日

表１；凶悪共産党員・菅義偉の“赤い犬”四匹

	有識者	備　考
園部逸夫	×	皇室典範の法学的研究は譲位・受禅の儀式とは無関係。**札付き共産党員**。
石原信雄	×	知識ゼロの無知男。強制入院加療が必要なレベルの異常な虚言病狂人。真赤な大嘘の「従軍慰安婦1993年河野談話」のゴースト・ライター。**強度の共産主義者**。
所功	△	かなり杜撰だが多少の知識あり（備考）。“昭和天皇の銃殺が筆頭教義だったスターリン崇拝教”「皇国史観」を信仰する“共産党の赤モグラ”。
本郷恵子	×	“皇統の世襲原理”を憎悪し「皇位は主権ある国民選択」論の、スターリン崇拝の**共産主義者**。

（備考）所功のみ、第一章表１リストの儀式法史料を読んでいる。

本から追放されねばならない。

菅義偉が選んだこれら「赤い有識者四人組」は、一般通念上の〝有識者〟ではない。次の〝**譲位・受禅の有識者**の条件〟に合致しないからだ。有識者の条件は、次の①②③の三項すべてに合致していること。

①天皇制度の護持を心底から信条としている。

②専門家ならば、特例法の中核をなしている、恐ろしい〝共産革命用語〟「退位」「皇嗣」に強く反対し、正語〝譲位〟〝皇太弟〟への是正を要求する。また、専門家ならば、「譲位」と「受禅」の同日・同時

刻を必ず要求する。これらを要求しないのは、共産革命の活動家が本性で、非専門家だからである。

③有識者なら、第一章の表1リスト史料を完全に読みこなしている。が、いい加減な読みはしている所功を除き、他の三名はいっさい読んでいない。読んで聞かせても、理解能力が皆無。ところで所功は、今般の「四・三〇」について、「これらの史料(=皇室儀式法令)に従わなくてよい」と、逆さを宣伝する奇怪な人物。

表1の四人はみな、強度の天皇制廃止の信条を持ち、〝極悪な共産党員〟菅義偉の命令通りに、日本国が絶対に挙行してはならない「四・三〇」式典を逆さにも正当化すべく、真赤な大嘘と狡猾な詭弁を駆使する。以下、これら四名が、菅義偉に提出した2018年2月20日付『有識者ヒアリングについて』から、彼らの真赤な大嘘や狡猾な詭弁を、簡単に解剖しておく。

〝譲位〟を禁止し、今上陛下に〝廃帝〟宣告する「四・三〇」を正当化する、〝赤い犬〟四匹の大詭弁

（1）本郷恵子…〝世襲の原理〟に基づく〝皇位の連続〟を全否定する、スターリン系共産革命家。

① 13頁「立太子の礼では、天皇・皇嗣ともに、**国民に対して**お言葉を述べる」（頁数は、『有識者ヒアリングについて』）。

これは、国民の意思とは無関係に世襲で連続する天皇と皇太子（皇太弟）の世襲継承を否定する天皇制廃止のロジック。ルイ十六世をギロチンに送るためのフランス革命憲法（1791年9月憲法）の、〝王殺し〟の一歩手前の論理。嘘偽りの仮構「皇太子に選んでくれた国民」に向かって、「立派に皇太子の役目を果たします」と誓約させるトンデモ儀式を目論んでいる。**〝世襲により、国民の意思とは無関係に、その《位》に即く皇太子〟**を全否定し、〝真赤な嘘〟「主権ある国民が、皇太子を選んだ」を、現実の儀式に強制的に組み込ませ、大捏造する共産革命家の犯罪意図が丸見え。

②　13頁「天皇が後継者（皇太子）を指名するのではなく」。

狂人の戯言でも、これほどのは無理。皇太子の指名などないからだ。特に、明治天皇からは、皇位継承〝法〟の明文化である明治皇室典範に従っており、天皇が後継者を恣意的に指名した事例は一例もない。大正天皇、昭和天皇、今上陛下を想起するだけでも十分だろう。本郷恵子の無知と非常識は、限度を越えている。

自分がコミュニストだとすぐばれるから、共産党員が大好きな「国民主権」を本郷恵子は狡猾にも用いない。上記①を理屈づける理屈など存在しない。そこで本郷は、「当たり前な事柄」にすぎない②を書き、①を煙に巻く詭弁として算段している。

③　なお、頭がことのほか悪い本郷恵子が皇位問題の異常な超ズブの素人なのは、11頁「今回は皇室典範が定める皇位継承順に従った手続きであり、わが国の**歴史上初めての事例**である」と、誰もが驚愕するトンデモ捏造歴史において一目瞭然だろう。皇室典範の定めた継承順位による即位は、今般は、大正天皇以降でも四回目に当たる。

（備考）後継者の〝突然の指名〟が壬申《じんしん》の乱となったように、円満な皇位継承を捏造する〝天皇による突然の指名〟を回避し抑制するのが、古来からの日本皇室の伝統である。皇太子選任の一般規則化は、こうして成立した。皇位継承の一般規則（慣習）はブラクトンやコークの〝法〟に相当し、不文の皇位継承〝法〟となっている。

④　11頁「前近代の天皇位継承は、現天皇が次の天皇を指名し、**権威を与える**方式」。アホか。日本の皇統二千年史にそのような事例は一例もない。まず皇太子の選びに、過去二千年間、**権威など、全く不必要で無関係**であった。こんなこと誰でも知っている、イロハ以前の歴史事実であろう。次に、多くの皇位継承のための皇太子選任は、皇子の中から健康や英邁《えいまい》さ、あるいは天皇との血の近さ、それに母宮の家柄などが考慮され、皇太子が選任されたことも、常識以前ではないか。

（備考）本郷恵子は、東大の基準では全くの馬鹿。実際にも東大の超劣等生だから、馬鹿以下か。旦那の不正人事で出世した〝悪女の中の悪女〟。博士論文は夫が代筆した可能性が極めて高い。

⑤　共産党員の菅義偉を中心に、官邸や内閣法制局の共産党員官僚が共産革命の犯意をもって特例法を起草した。この革命の根幹方法として、〝国会の意思〟が介入するのを許さない、永遠の皇位継承〝法〟を破壊する時限爆弾を特例法に組み込んだ。しかも、これほど露骨な天皇制廃止法にしておきながら、さらに共産党員の菅義偉らは、天皇の〝譲位〟を、新天皇の受禅日の前日に分離し、「廃帝宣告の人民法廷」に大変更した。**〝退位は、廃帝に処理する方法の一つだから、譲位ではない〟〝譲位を禁止する〟**という、前代未聞の制度をつくり、先例にするためである。

しかし、これら二つの天皇制廃止の策謀が、２０１８年秋の臨時国会以降の火種にならぬよう、菅義偉は、四名の札付きコミュニストを「〃もどき〃有識者」に仕立て、退位と即位の間に一日置いたのに、この空位を「《空位》ではない」「今上陛下の〃廃帝〃人民法廷でない」と、事実を糊塗する屁理屈を書けと命じた。〃大嘘つき〃本郷恵子は、次の真赤な嘘をデッチあげて菅義偉に献上した。

a　具体的に「どのようにか」については一言も言わずに、本郷恵子は、唐突に11頁「空位が生じないよう、特例法においてその点は措置されている」と、虚偽を主張。が、特例法第二条は「同日に退位と即位をせよ」と定めている。本郷恵子の嘘つき度は空前絶後。

（備考）菅義偉は、満洲引き揚げ時に父親が「日本人」を騙《かた》って密入国したコリアン素姓丸出しの大犯罪者らしく、特例法第二条を無視し、**一日空位**を平然とつくった。北朝鮮人との異常な人脈パイプを持つ安倍晋三も、その真像は菅義偉とグルの、〃世紀の天皇制廃止狂〃で、ワルの中のワル。

b　また、11頁「退位・即位の儀礼はそれぞれの事実を広く示すためのものなので、両儀式のあいだに**時間単位の空位**があっても」と、本郷恵子は即位の大礼が２０１９年10月であることすら理解していない。譲位と〃即位の大礼〃の間は「数ヶ月の、月単位の空白」があり、「時間単位の空白」ではない。受禅と〝即位の大礼〟の区別もつかない人物が「有識者」だって（大笑い）。

昭和の皇室典範は杜撰《ずさん》を極めており、践祚を「即位」と誤記。この誤記よりもっとひどいのが〝天下の阿呆〟本郷恵子。仮に、本郷恵子が「受禅」を「即位」だと思い込んでいると仮定しよう。この場合でも、4月30日の譲位に対して一日を置いた5月1日の受禅だから、一日空位は明白。つまり、〝大嘘つき〟本郷恵子は、「一日空位」（＝日単位）を「時間単位の空位」だと、「日を時間」だと強弁する。

（備考1）特例法制定の後、菅義偉らは、今上陛下に対する〝廃帝〟宣告と「譲位を禁止する」目的で、２０１７年12月1日の皇室会議を悪用し、この〝一日空位づくり〟の犯罪を敢行した。また彼らは、**一日の空位の前例**が、天皇制廃止である**百年の空位づくりの先例**となりうることにも目を付けている。

（備考2）**譲位・受禅の間に一秒以上の時間単位の空位は許されない**。一千年間に亘る、平安時代以降の計五十回の譲位・受禅の儀式で、唯一の例外として、光格天皇の御譲位（１８１７年３月22日午前）では、新天皇となる皇太子はその儀場に臨御なされなかった。紫宸殿や清涼殿にしか臨御できない天皇となる以上、ランクの低い仙洞御所の儀式への行啓・行幸は不可である。しかも、正親町大納言が仙洞御所での受禅名代を務められているので、一秒の空位も発生していない。また、同日の午後、仁孝天皇は清涼殿にて（詳細不明だが）**〝受禅の儀式の後半〟**を執り行われておられる。

（2）〝共産党の赤モグラ〟所功…民族系を誑《たぶらか》すべく慎重を装っているが、衣の下の鎧が見える。

①「平成31年4月30日の昼間に実施することがふさわしい」（8頁）。

しかし所功は、この根拠も理由も、一つとして挙げていない。ならば論理的に、**「5月1日の午前に実施することがふさわしい」**と主張しても何の問題もないことになる。要は、所功は、「四・三〇を今上陛下への廃帝宣告の人民法廷とする」ことに執念を燃やす菅義偉と山本信一郎の、赤色革命の共謀を知り、歓喜して積極的にその仲間になった。その証拠に、所功は、次のように、山本信一郎に人民法廷の廃帝宣告のやり方を指導している。

②「宮内庁長官が『陛下は皇室典範特例法と政令に基づき、本日限りで退位されることとなります』（＝〝日本の天皇制度はいったんここで終わりです〟）という趣旨を申し上げるだけでよい」（8頁）。

名古屋大学の「民青」活動家だった狂信的な天皇制廃止狂徒の所功は、**天皇制廃止の共産革命をこれほど公然とできるチャンス**はまたとないのだと、〝赤い宮内庁長官〟山本信一郎が少しタジロいで怯《ひる》んでいると観て、発破をかけている。山本信一郎は、役職からもイデオロギーからも、**譲位の宣命大夫**の立場を演じるのに不適切を極める。絶対にさせてはならない。

（備考）宣命大夫には、京都の堂上公家を選任しなければならない。

譲位の宣命においては、**〝陛下は皇太子に皇位をご譲位され給われます〟**の趣旨が絶対に宣言されなければならない。言うまでもないこと。所功は、四名の中では例外的に、第一章の表1リストの史料を読んでいる。が、彼のこのような学者性は、〝共産党の赤モグラ〟として民族系に潜入するための偽装手段。演技としての学問である。

日本の深刻は、**《語彙「皇太子への譲位」がない天皇退位は、天皇制廃止の〝廃帝〟となる》**ことが察知できない、一般の日本国民の質的劣化の問題にある。日本人は、「退位と譲位は天と地ほども違う」ことも、「真逆の意味になる場合がある」ことも、わからなくなった。日本人は今や日本国民ではない。

③　8頁「天皇陛下ご自身が、退位について、全国民に対する《お言葉（勅語）》を述べられる…」。

ここで所功は、日頃の民族系をかなぐり捨て、「譲位」とせず、共産党秘密党員らしく「退位」としている。が、「ご譲位」儀式で天皇がお言葉を述べられることはあってはならない。発言・発声は宣命大夫《だいぶ》の宣命宣制のみに限られるからだ。

一方、国民の方こそが、天皇に惜別と感謝の意をお伝え申しあげるべく、皇居から高輪までの盛大な〝ご譲位パレード〟に参列して陛下に拝礼することが、譲位儀式の中核でなければならない。**〝譲位パレード〟のない〝譲位の儀式〟は、ウイスキーの入っていないハイボール**である。〝譲位儀式をしなかったに等しい。安倍晋三が譲位パレードを禁止したのは、80％共産主義者として今上陛下への憎悪感情を燃やし、天皇制廃止の執念からで、感謝の念など一欠けらもないからである。

（3）園部逸夫…〝天皇制廃止に直結する儀式にせよ〟の、共産党本部命令にひたすら忠実な札付き共産党員

①　5頁で、歴史上全く存在しなかった珍妙奇天烈な「退位宣明の儀」の創設を、園部は提案している。これは「譲位・受禅の儀」の否定ではないか。全く異次元にすぎて「譲位・受禅の儀」とは似てもいないし、その臭いもない。すなわち、譲位・受禅とはあからさまに異なる〝廃帝儀式〟を革命的に創作するもので、そのための露骨な名称を造語したのである。**譲位・受禅の儀**とは真逆の、廃帝宣告の人民法廷を意味する直截《ちょくせつ》的な表現である。これはまた、徳仁《新天皇》陛下を脅迫して強制的に「退

位させ、廃帝にし、天皇制を廃止させる」ための先例をつくる制度でもある。

② 5頁「今上陛下の**祝賀（？）御列の儀**に相当する儀式も、退位の意義に鑑みれば、あまり馴染まず、その必要性は大きくない」。

園部は、「ご譲位パレード」が伝統において厳に執行されてきた歴史事実を知っている。一方、宮内庁は、〝歴史大捏造文書〟『歴史上の実例』で、「譲位パレードなど無かった」と真赤な嘘をつく。歴史の大捏造である。園部は、歴史事実については素直に認めた方が批判・非難を避け易くなるのを知っており、宮内庁よりはるかに狡猾。が園部は、パレードを否定する理由として、意味不明な抽象語句「退位の意義」「あまり馴染めず」「必要性は大きくない」と呻《うめ》くだけ。具体的で明確な理由を一つも挙げてはいない。この事実は、**必要性が極めて高い〝ご譲位パレード〟を否定する理由など全く存在しない**、ことを反面教師的に裏付けている。

③ 6頁「《退位宣明の儀》という儀式の実施時期は、今上陛下が御退位になる平成31年4月30日がふさわしい」。

これも、理由を全く挙げておらず、全く意味不明な度し難い怪文である。菅義偉ほか内閣官房の共産党官僚が策謀した〝有害きわまる共産革命〟「4月30日」を正当化する浅薄な詭弁だからだ。〝常識中の常識〟「4月30日は不適当きわまりない。5月1

日にすべきだ」を叩き潰すべく、壊れたテープレコーダーのごとく、ただ正論の逆を繰り返して、国民を眠りに誘う〝悪魔のお経〟というべきもの。

④　6頁「剣璽渡御の儀は、（4月30日であってはならず）5月1日に行われることが**ふさわしい**」。

これは、「**新天皇に剣璽を前天皇から承継させてはいけない**。あくまでも**剣璽は、主権ある国民が新天皇に授ける**儀式にせよ」と、譲位・受禅による世襲の御代替わりを全面禁止すべきだとの、園部逸夫らしい、真赤で阿漕《あこぎ》な共産革命家の主張。つまり、**新天皇は先帝から譲位され皇位を継承したのではない。新天皇は、国民が奉戴する新王朝の初代である**に革命しようと、〝スーパーお馬鹿〟安倍晋三を洗脳している。

⑤　6頁「剣璽等承継の儀は、前天皇（上皇）が御臨席されることなく行われることが**ふさわしい**」。

これは、④をさらに強化するもの。「前天皇は廃帝になられたのだから、前天皇からの剣璽を新天皇は承継することはあってはならない」を制度化している。〝世襲の原理〟を完全廃滅させて、究極の天皇制廃止の前段階を構築している。王制における普遍的な〝世襲の原理〟の全面破壊である。「この世襲原理に基づかない儀式が挙行されたのだから、新天皇は天皇ではない証拠だ」が、いずれ憲法学界の多数説になる。

火を見るより明らか。それにしても「ふさわしい」の連発しか正当化詭弁が浮かばないとは、いかに「ふさわしくないか」を逆に裏付けている。

（4）石原信雄…毎日、重度の虚言癖病を発症する〝先天的な捏造小説家〟が、石原信雄の本性

① 3頁冒頭は、「たかが七十歳のGHQ製憲法は、二千年におよぶ皇位継承法より優位する」との憲法神格化教の宣言。

② 〝稀代の虚言癖・捏造癖〟のコミュニスト石原信雄は、卒倒するほどの嘘偽り狂言を宣伝する。その一つが、「皇室典範特例法上、4月30日の24時に天皇陛下が退位され、皇太子殿下が5月1日の0時に即位されることが決まっている」（3頁）。

馬鹿馬鹿しい。これほどの嘘には絶句の余り、反論する気にもなれない。特例法には、こんな定めはない。全く逆の定めならある。特例法第二条は、**「天皇は、この法律の施行の日限り退位し、皇嗣が直ちに即位する」**である。つまり、特例法は、空位を置いてはならないと定めている。特例法の「御代替わりの儀式は、同日が絶対だ」の規定こそは、厳に遵守されねばならない。

（備考1）〝大嘘一直線の超フィクション作家〟石原信雄は、石原信雄が百％代筆した「1993年、河野洋平の従軍慰安婦談話」で顕著に明らかだが、**重度の虚言癖病**をもち、真赤なデッチアゲの大嘘をつくのが日常。石原信雄の大嘘は、刑務所か精神病院に収監すべき凶悪犯罪者のレベル。

（備考2）2017年6月9日に公布された特例法は、〝譲位・受禅〟を擬装する気持ちがほんの少しあったため、その第二条で「同日にせよ」と定めた。が、その後、菅義偉が、共産党と共謀し、この特例法第二条を全面無視する策謀を進めた。「4月30日と5月1日に分離」は、2017年12月1日の皇室会議を不敬にも狡猾にも悪用し、安倍晋三が政令として定めた。この政令は、特例法違反！　である。

③　3頁「法的に同日というのは無理だ」は、荒唐無稽も度が過ぎた真赤な嘘の創り話。

法律的にも同日でなくてはならない。法律と齟齬《そご》を来した政令は是正されねばならない。この政令修正のため皇室会議の「意見再聴取」が必要ならば、「4月30日は、5月1日の間違いでした」と持ち回り決済をすれば済む。持ち回り決済は、戦前の皇族会議でも行われており、前例がある。皇室会議の改めての招集は必要ない。また、同日の方が簡単に済むので、天皇・皇太子・参列者にとって、「無理」が大幅に減る。

④　3頁「国事行為は国民のために行う儀式」。

トンデモない暴論・奇論の極み。皇位継承の儀式は《皇位継承のために行う儀式》

である。「国民のために行う儀式」ではない。共産主義者特有の、何でもかんでも「人民のため」と、〝人民民主主義の嘘ラベルを貼りめぐらした共産全体主義国の論理〟を丸出しにしている。

憲法第七条の「国事行為」の規定は、天皇が元首＝立憲君主として最小限なすべき行為をリストしたもの。一方、皇位継承の儀式は、憲法第二条の定めに従って、立憲君主の原点たる〝世襲の原理〟と皇室伝統に沿っていなくてはならない。しかし、皇位の世襲原理を明記している憲法第二条を平然と無視するのが石原信雄。このように、憲法第二条と第七条に違背し、それを蹂躙せんとする石原信雄は、〝憲法違反を常習とする赤い詭弁家〟。〝スーパー虚言癖の持ち主〟。治癒不能なレベルにある。

四匹の〝菅義偉の赤い犬〟――石原信雄／園部逸夫／所功／本郷恵子――に共通する狂信と行動

以上は、菅義偉が「有識者」だと嘘ラベルを貼った四名、つまり内閣の外部から助っ人に馳せ参じた共産党員四名の言説を、個別に解剖した簡単な所見である。最後に、この四名に共通する思想背景をまとめておこう。

1、〝絶対真理〟**「憲法は二千年の皇位継承〝法〟に支配される。また、憲法はこの〝法〟の僕《しもべ》である」**を、全否定する。

2、〝恒久の真理〟**「皇位継承は〝世襲の原理〟に基づく故に、国民主権を超拡大解釈したことによる、国民の意思の皇位継承への介入・干渉は、絶対に排斥されねばならない」**を全否定する。

（備考）英国憲法には「国民主権」は完全に不在。米国憲法は「国民主権」を積極的に全面否定する。だが、日本の憲法学者は、東大を含め、このありきたりな初歩的事実を隠蔽して、決して教えない。

3、〝王殺しカルト〟「ルイ十六世をギロチン処刑した血塗られた仏革命ドグマ」を狂信している。

4、1～3は**「日本共産党の現憲法絶対真理教」**の根幹教義。だから四名は、この恐ろしい共産党ドグマに政治的（＝非学問的）糖衣をかぶせ、「一般国民に気づかれない、怒りを買わない表現で、どう騙すか」に、あらん限りの悪知恵を絞っている。

第三章

〝譲位〟簒殺《さんさつ》の「四・三〇」と〝歴史大捏造〟の山本信一郎《宮内庁長官》

第一節　〝歴史大改竄〟の宮内庁は、共産党員の巣窟

菅義偉／山本信一郎／園部逸夫の〝極左共産革命家〟三名が集まり、「今上陛下の《ご譲位ご意向》は最高の好機だ！」、これを悪用しない手はない、「皇位継承を禁止に持ち込めば、天皇制度に最後の止めを刺しうる（＝天皇制廃止革命の法的基盤を完全なものにできる）」、と歓喜の祝杯を挙げたのは、２０１６年1月頃か。この三名に、内閣法制局長官の横畠裕介が加わっていたか否かは、定かでない。

園部逸夫（54年卒）／羽毛田《はけだ》信吾（65年卒）／山本信一郎（73年卒）は、京大「民青」の先輩後輩。「コミンテルン32年テーゼ（天皇制打倒のスターリン１９３２年の対日命令）」を奉戴する河上肇《はじめ》以来の悲願達成を成就することに人生を賭け、２０１９年「四・三〇」への道筋をつけた〝教条的な共産主義者〟の京大三人組である。羽毛田信吾の化身（代理）として宮内庁長官になった山本信一郎は、俺が必ず天皇制廃止を決定づけてやると、陰に日向に漏らしてきた〝スターリン崇拝者〟である。

２０１６年初頭以来、菅義偉／山本信一郎／園部逸夫の三名は、頻繁に密会・謀議し、皇位継承の禁止（＝譲位・受禅の禁止）の法律化も実際上の実行も可能だ、との結論に達した。この方法として、①正語「譲位」を日本から完全に消す**〝言葉「譲位」殺し〟**を徹底し、②「譲位・受禅の皇位継承」の儀式を絶対にさせない**〝儀式「譲位」殺し〟**をする。〝正語「譲位」殺し〟は山本信一郎が、〝儀式「譲位」殺し〟は菅義偉が主に担当し、２０１８年2月に至る丸二年間、この赤い二つの車輪が安倍晋三の首相官邸で爆走していたのである。

正語「譲位」を殺した、〝言葉殺し logocide〟犯罪者の山本信一郎

山本信一郎は、本籍の党本部の造語国語力を借りて奇天烈な珍語「生前退位」を創り、２０１６年2月上旬、ＮＨＫ記者の橋口和人に陛下の〝ご譲位ご意向〟をリークしたようだ。このリーク時に、山本信一郎は、〝悪魔の四文字〟「生前退位」を使うよう念押しの指示をしたと推定される。２０１６年7月13日のＮＨＫ午後7時のニュースで「陛下、**生前退位…**」のテロップは、こうして流された。

皇后陛下のご抗議で、侮蔑語「生前」の方は、２０１６年10月21日以降、新聞テレ

ビからすぐ消えた。共産革命語「退位」を〝譲位〟に是正する方は、「皇后陛下のご抗議なんか無視しろ！」と安倍晋三が主導したため、政府部内から消えなかった。これ幸いと、内閣法制局は、特例法で「退位」を法律用語にした（2017年6月）。

さらに、山本信一郎と菅義偉の〝正語「譲位」殺し〟革命は、2016年8月8日の天皇陛下のテレビ御諚から二文字「譲位」の完全抹殺に成功し、決定的なレベルになった。今上陛下のテレビ御諚《ごじょう》は、官制に従い、皇室主務大臣の菅義偉と宮内庁長官の山本信一郎の二人が起草した。噂では、菅義偉は、その原案を木村草太に書かせたという。

むろん陛下に上奏される前に総理大臣は目を通す。が、安倍晋三はほとんど関心を示さず、すぐ了解。天皇陛下は、2016年8月8日、〝赤い大逆賊〟菅義偉と山本信一郎によって、絶対不可欠な正語「譲位」が削除された〝赤い御諚〟を、（畏れ多くも）強制的に読まさせられた。天皇を「〝生きたテープ・レコーダー〟にすぎない」と道具視する共産党員の菅義偉／山本信一郎の二名は、天皇から威厳・聖性・高貴も、皇祖皇宗から受け継がれてきた〝絶対法〟皇位継承儀式も、簒弑《さんしい》的に剝奪した。今上陛下におかれては、さぞご無念であられたことだろう。日本国民は、両名に対することの恨みを片時も忘れてはならぬ。

〝狂暴コミュニスト〟の菅義偉は、〝皇位継承〟を絶滅させるべく、〝譲位〟を天皇から簒殺した

皇位継承儀式から譲位・受禅を抹殺する方策は、二段階で行われた。第一段階が、譲位・受禅の儀式は一時間以内で済む儀式だから、午前中もあればもて余すほど充分。一日以内は当たり前。しかも、特例法第二条も、「一日」と定めている。だが、犯罪的な無法者の菅義偉は、特例法の規定など、鼻から無視。

ただ、この「日」の特定は皇室会議での審議が必要であることを悪用し、菅義偉は、2017年12月1日の皇室会議で安倍晋三に「退位4月30日／即位5月1日の二日間に分離」案を上程させ、これを決定してもらった。表面上は、譲位日と受禅日の分離という形だが、分離すれば瞬時に譲位・受禅の儀式が雲散霧消する。譲位も受禅も、現実には完全に抹殺される。菅義偉らは、これを狙い、分離を強行した。

なお、「譲位」「受禅」の言葉を「退位・即位」と言う言葉にすり替えると、聞く側の一般国民の頭は思考停止状態に陥る。「譲位・受禅」と聞けば、「どうして二日もかかるのか」と誰しもが直ちに疑問を呈し、中には激昂する正しい日本人が産出する。

が「退位・即位」と聞くと、耳慣れないし、言葉が持つ言外のさまざまな情景を消し去るから、「どうして二日もかかるのか」との疑問も怒りも生まれない。

〝言葉殺し〟はかくも恐ろしい。故に、古来から政治にかかわるものは正名論に立脚し、正語に絶対に固執することに心掛けた。正名論が知識人や政治エリートの心得だったのは、言葉殺し排除に有効でもあったからだ。正名論の軽視や放置が、天下動乱や革命の温床となるからでもあった。

譲位・受禅抹殺の第二段階が、実際の4月30日式典を人民法廷化すること。「四・三〇」に〝譲位〟の儀式を煙ほど存在させてはならぬ、は天皇制廃止の過激共産主義者である菅義偉/山本信一郎/園部逸夫らが妄執する共産革命プランの骨盤。彼らはこれを完遂するに、二つの大嘘をでっち上げた。

第一が〝歴史の大改竄〟。第二が〝憲法の解釈大改竄〟。第二は、第六章で論じる。第一の「歴史の大改竄」を担当したのが山本信一郎。山本は、譲位・受禅が歴史上「二日に亘ることもあった」と、歴史上存在したことのない、**真赤な嘘歴史をデッチ上げて、その毒ガスで日本を覆う**文書を、国民の間に平然とばら撒いた。

本書末尾に掲げる「参考2」(198頁)で明かなように、「二日に亘《わた》る」史実など、歴史にあろうはずがない。こんなことは、初めから解りきったこと。彼らの「歴史の実例を捜《さが》した」とは、詐欺師の騙しの嘘詭弁に同じ。〝日本一の大詐欺師〟山本信一郎は、嘘の先制攻撃という先手主義の悪質な知能犯罪を考え付いた。

詐欺師は、いかなる分野の詐欺師にも共通するが、こそこそ隠れたりしない。堂々と人様の前で大嘘を吐き、トリックも披瀝する。山本信一郎も、この例外ではない。山本信一郎の嘘つき度は、「積水ハウス63億円詐取」の地面師よりはるかに凶悪。度肝を抜く。

第二節 『貞観儀式／光格天皇実録／北山抄／江家次第』ほかを正しく読む

山本信一郎の手口は、「積水ハウス63億円詐取」地面師が駆使したニセ印鑑証明書や不正公正証書やニセ旅券づくりとソックリ。こんなアクドイ詐欺師が宮内庁長官とは、驚愕を越え絶句する。

譲位・受禅の儀式は、平安時代からすべて、紫宸殿にて挙行。所要時間はおよそ一時間

平城天皇／嵯峨天皇／淳和天皇に始まる、平安時代以降、一千年以上にわたる四十九回の譲位・受禅の儀式はすべて紫宸殿で挙行され、式典時間はおよそ一時間だった。紫宸殿での挙行をなされず、仙洞御所と清涼殿の二ヶ所に**儀場分離**の例外的儀式は、たった一回、１８１７年の光格天皇のケースのみである。

つまり、光格天皇のケースは、譲位・受禅の儀式として一応の参考にはなるが、皇室が遵守すべき適切な典型的先例ではない。もし、どうしても光格天皇のケースを先例としたいなら、緊急避難的に儀場分離をせざるを得なくなった原因〝早朝の大規模な譲位パレード〟踏襲が絶対条件となる。〝早朝の大規模な譲位パレード〟をしない儀場分離など、摘《つま》み喰《ぐ》い（arbitrary-selection）のペテン行為。先例踏襲ではない。

また、譲位・受禅の儀式は、平城天皇から光格天皇までの五十回すべて、同日挙行。儀式を**（同日ではなく）二日に跨《また》がらせる**異様極める先例無視の新規創造は、安倍晋三が、日本史上初。歴史伝統を冒瀆《ぼうとく》する安倍晋三の「**二日に跨がらせる**」共産革命を、

〝空位〟の問題だ！　と騒ぐ暇などない。この革命は、譲位・受禅の儀式そのものを根底から否定する天皇制廃止革命で、皇位継承それ自体に対するサボタージュ（＝殺戮的破壊行為）である。つまり、安倍晋三首相の２０１９年「四・三〇」「五・一」分離は、**皇位継承の廃絶**を目的に実行される〝日本国に対する空前絶後の大犯罪〟である。

安倍晋三の**皇位継承の廃絶革命**「四・三〇」「五・一」分離は、１９４５年８月14日深夜、帝国陸軍内の「ソ連人」軍団クーデターに酷似する。１９４５年８月14日深夜（15日未明）宮城クーデターは、昭和天皇を監禁・脅迫し、場合によっては銃殺し、玉音放送のレコード盤を破壊し御璽《ぎょじ》を強奪し、８月15日にポツダム宣言受諾拒否と戦争続行のニセ詔書を渙発する予定だった。

狂信的共産主義者の阿南惟幾《あなみこれちか》（陸軍大臣、ソ連ＧＲＵ「対日」工作員）ら、帝国陸軍を牛耳る共産主義狂の「ソ連人」軍団は、スターリンの命令に従い、ソ連軍に日本全土を占領させるまで、婦女子を含む日本人の皆殺しも辞さないことも目的として、上陸する米軍に対して「本土決戦」（＝文字通りの「一億玉砕」）を強行せんとした。強行すれば日本人七千万人のうち最低でも男児二千万人が戦闘死しただろう。

婦女子も、一千万人以上が〝巻き込まれ死〟や戦災死を余儀なくされる。日本の全業はすべて、発電所や鉄道インフラを含め灰燼《かいじん》に帰す。日本が再生することは全く不可能になる。この大敗戦後には、餓死する日本人は二千万人を超えただろう。日本で生き残り乞食となった日本国民数は、「7000万人－2000万人－1000万人－2000万人＝〝二千万人以下〟」になったと想定される。

8月14日深夜の宮城クーデターは、天皇陛下に忠誠一筋の〝愛国者〟田中静壹《しずいち》・陸軍大将（東部軍管区司令官）が、止めに入ったため、瓦解した。〝主犯〟の阿南惟幾は切腹した。**「四・三〇」皇位継承廃絶革命**を中止させるべく、安倍晋三に切腹させるか、その首を刎《は》ねるかの「第二の田中静壹」は、今の日本に一人でもいるのだろうか。〝知の詩人〟クローデルが喝破したように、皇室を護持することと日本国を護持する事は不可分。分離できない。この哲理に殉じた田中静壹・陸軍大将の自己犠牲の精神を、今こそ我ら日本国民は学ぼうではないか。

話の脱線はここまで。山本信一郎は、「四・三〇」「五・一」分離で〝二日に亘る式典〟を、「歴史に実例＝先例が存在する」と詐欺の嘘強弁を捏造した。この真赤な嘘歴史満載の『宮内庁編　歴史上の実例』は、2018年2月20日、内閣官房に設置の「式典準備委員会」（委員長は菅義偉）に提出され、インターネットでも撒布された。安倍晋三は本心では天皇制廃止教のカルト信者。だから、この歴史捏造文書を〝権威ある経典〟だと拝み、狂気の共産革命「四・三〇」「五・一」分離式典を閣議決定した（2018年4月3日）。

〝凶悪な詐欺師〟山本信一郎著『歴史上の実例』の、その歴史大捏造と悪質トリックを暴く

山本信一郎は、「四・三〇」人民法廷をでっち上げるために、譲位・受禅の儀式は、平城天皇以来、紫宸殿であるのは常識中の常識なのに、「紫宸殿は、上皇御所だ！」と、空前絶後の巨嘘を考案した。この嘘でっちあげの理由は、高輪の上皇御所は未だできておらず、**「《儀場＝上皇御所》の不在から、伝統に従えませんでした。いろんな特殊な例外が多い儀式にならざるを得ませんでした」**と、〝世紀の大犯罪〟「四・三〇」を、糊塗的に言い訳する／正当化する詭弁づくりのためだった。

つまり、今上陛下の「高輪」上皇御所が完成していれば、「5月1日の一日で済んだのに」と、わけのわからぬ言い訳をすべく、国民騙しの詐欺言辞として**《儀場＝上皇御所》**をデッチアゲたのである。ムード的に「《四・三〇》を設けざるをえませんでした」の煙幕を立ち昇らせる屁理屈が、**「《儀場＝上皇御所》の不在」**ということ。

表1；"赤い悪魔"山本信一郎の歴史大捏造＆悪質トリック

山本信一郎（宮内庁）の凶悪な歴史大改竄	譲位儀式法（＝史料）記載の、正しい歴史事実
a「譲位・受禅の儀式は原則、上皇御所」（大爆笑）。皇太子は新天皇となられるので、格下の上皇御所への（行啓→）行幸は不可。譲位式典には正親町大納言が代理で参上。	譲位・受禅は、必ず紫宸殿で儀式する。これは絶対的大原則。平安時代からの例外は光格天皇の一例のみ。光格天皇は、上皇（仙洞）御所と清涼殿の二ヶ所に分離。
b間接的に「《剣璽等承継の儀》も上皇御所で行われた」と嘘宣伝。	譲位・受禅の《剣璽等承継の儀》は紫宸殿のみ。例外ゼロ。光格天皇も、紫宸殿にて挙行。
c「光格天皇の譲位パレードは、公家の**お見送り**」（戦慄する真赤な嘘創作）。『光格天皇実録』は「路頭之儀」＝パレードだと明記し（1671頁）、パレード参加の主要公家（従者を除く）を行列の先頭順から順に記録している（1672～4頁）。 （注）見送った者は二人のみ。一人は、仙洞御所に先回りする必要からの首席議奏（権大納言、侍従長）。もう一人は、警備情況の監督をする所司代。所司代はパレード後、仙洞御所に赴き新・上皇に謁見。つまり、この両名のは見送りにはならない。	都の町人・僧侶・武士1万人に拝見させる目的で、約800名の公家・従者の衣装代金その他に多額の出費をしてまで、一時間半の大パレードを挙行。この後に（100名を越える女官主体の）大宮御所への中宮（皇后）「行啓パレード」も続いた。光格天皇は、黒澤明監督かのごとく全体的に絵になるよう、官位に従った衣装の色をうまく考慮して行列順序を決めたふしがある。（代金は天皇支払いで）800名に新調させたようだ。これがどうしてパレードでないといえるのか。

d「上皇御所には正殿がある。天皇の御座は南側を向いている」（大爆笑） 「上皇御所に、南庇がある」（爆笑） 「上皇御所に、昼御座がある」（大大爆笑） 「上皇御所に、南庭がある」（爆笑） 「上皇御所に、南門（＝内裏の建礼門）がある」（大大大爆笑）	・上皇御所に**上皇の御座**は在っても、**天皇の御座**があるはずはない。 ・上皇御所には正殿はない。あるのは弘御所（上皇の執務室）と小御所（会議室）のみ。 ・弘御所は南向き。弘御所に繋がる「儀場の庭」はその南側。弘御所の上皇御座は南向き。 ・「南庭」「南庇」は紫宸殿のを指し、「昼御座」は清涼殿のを指し、それ以外を指さない。建礼門を指す「南門」は内裏にしかない。 ・上皇御所には西側に唐門一つしかない。多くの門がある内裏と異なり、極めて閉鎖的。
「清涼殿に東階がある」（馬鹿馬鹿しい）	「東階」は、紫宸殿にしかない。上皇御所の弘御所の床は低いし、東側は小御所と廊下でつながっている。階段など無い。

実際に、この騙しに引っかかった頭が悪い皇室尊崇派の御仁がいる。

次。人殺し以上の犯罪者性を持つ山本信一郎は、表1のdのごとく、〝世紀のマジシャン〟を自認して、上皇御所を紫宸殿にでっち上げた。譲位・受禅に関わる重要史料はすべて「儀場は紫宸殿」を自明の前提としての記録文だから、これを読む多少教養ある日本人を騙すには、上皇御所を紫宸殿に偽イメージ化するのが手っ取り早いからだ。

〝凶悪な共産党員〟山本信一

郎が狡猾な詐欺師よろしく、こんな犯罪的捏造を考え付いたのは、次の二点に着目したからでもある。第一点。仙洞御所が焼けて京都御苑に残っておらず、誰もチェックできない。つまり、嘘八百の仙洞御所を描いても、バレないと踏んだ。仙洞御所の図面をもっている私などは例外。

第二。紫宸殿は平安時代より「南殿《なでん》」と略される。この国語を知る者は、歴史学科卒以外では、私のように中学時代から源氏物語を含め日本の古典文学をことごとく読みこなしているものに限られ、ほとんどいない。よって、南殿を〝上皇御所にある、南向きの建物〟だとデッチアゲてもバレないと、山本は踏んだ。

山本信一郎の歴史大捏造文書『歴史上の実例』の嘘八百を暴き正しく公憤するには、表2の常識語を身に着け、表3を知っていればある程度可能。なぜなら、これさえあれば、十頁しかない『光格天皇実録』1817年3月22日条も、基本部分なら正確に読めるし、『歴史上の実例』の嘘八百も透けて見えてくる。

『光格天皇実録』に記載の時刻ミスは、原文の記憶錯誤とは考えられず、原文を判読した宮内省編集官の誤読ではないか。「新主の御所」については、この日の『日次案』記録を担当した議奏のミスだろう。

さて、もう一つ、『貞観儀式』『北山抄』『西宮記』『江家次第』『代始和抄』などの

表２；『光格天皇実録』を初めて読まれる方へ（Ｉ）

『実録』記載の通称名	実際の名称
桜町さくらまち殿	上皇御所、仙洞御所。
南殿　なでん	紫宸殿。正殿とも言う。
南階	紫宸殿の南にある階段、18段、正殿を、義場ともなる「南庭」とつなぐ。
南庭　だんてい／なんてい	紫宸殿と一体の公式儀場。景観を楽しむ庭ではない。単に「庭」ともいう。
南庇　みなみひさし	紫宸殿の南側の大広間。
昼御座　ひのおまし	清涼殿、「天皇執務時のご着座席」。
夜御殿　よんのおとど	清涼殿の剣璽奉安の間。平安時代では天皇のご寝室。
広庇　東廂　ひがしひさし	清涼殿の公式会議室兼式典会場。東にある「儀場の庭」と一体。
新御殿	皇后御常御殿を去られた中宮の、新しい御所（仙洞御所とは廊下で連絡）。
唐御門	宜秋門　ぎしゅうもん
唐門	仙洞御所の正門（門はこれ一つ）。
中門	承明門　じょうめいもん

表３；『光格天皇実録』を初めて読まれる方へ（II）――３月22日の時刻

『実録』記載	現在に換算	当該時刻における『実録』での記載内容
辰刻すぎ	午前８時すぎ	『禁裏執次詰所日記』では譲位パレードの出発時間。『日次ひなみ案』は、御所からの光格天皇の鳳輦が（譲位パレード出発の30分前の）南階より紫宸殿上に昇った時間。『詰所日記』が正しい。
未半刻前	午後３時前	剣璽が仙洞御所から清涼殿に遷幸、夜御殿に仮奉安。
子半刻前？	午前１時前？	清涼殿での受禅の儀が終了。**「申半刻」（午後５時）の誤記？**
丑刻　1671頁	午前２時	首席議奏（侍従長）の山科忠言（権大納言）、御常御殿に参内。
丑半刻	午前３時	これは『仁孝天皇実録』。京都所司代の大久保加賀守忠真も参内し拝謁。
子半刻前？	午前１時前？	関白が仙洞御所にて折紙を賜る。**「亥半刻」（午後11時）の誤記？**

（備考）光格天皇時代の時刻は、明治４年「改暦の詔書」と同じ。平安時代のそれより一時間ほど遅い。

表４；『光格天皇実録　第三巻』の校訂（暫定）

誤	正
子半刻前　1671頁の６行目	申半刻前。
新主の御所　1675頁の、後から３行目	清涼殿。これに続いて同頁に、二回記述がある「新主の御所」の方は、御常御殿を意味しているから、間違っていない。
子半刻前　1679頁の２行目	亥半刻前。

譲位・受禅の箇所は、合計しても十頁ぐらいしかなく、これも少し自己訓練すれば誰でもすぐに読める。以下に、読み方の入門を兼ねて、これらを概説する。

菅義偉・山本信一郎らの〝譲位廃止〟共産革命断行を助長した、『貞観儀式』『北山抄』『西宮記』『江家次第』に無知な日本人

これらの史料は単なる史料ではなく、公式の皇室儀式法。これらすべてが規定する儀式こそ、譲位・受禅の皇位継承が遵守すべき法律。その基本骨格は次。カッコ内頁数は、第一章の表1リスト史料。

A、**譲位・受禅の儀場は必ず紫宸殿**のこと。

・『貞観儀式』、「皇帝（は「紫宸殿」の通称名）**南殿**《なでん》に御す《ぎょ》（お出ましになられる）」（41頁）。

・『北山抄』、「天皇（は）**南殿**に御す」（283頁）。

・『江家次第』、「天皇（は）**南殿**に御す」（628頁）。

B、**紫宸殿の天皇は、垂れた御簾《みす》の後**に立たれて、お姿を誰にもお見せになってはならない。

・『江家次第』、「懸御簾」（628頁）。

・『代始和抄』、「この日は、（天皇は）御簾を垂れてあらわにはおはしまさず」（343頁）。

C、**皇太子は、紫宸殿の東階から昇殿し、天皇の御前に置かれた椅子《いし》に座る。**

・『江家次第』、「太子（紫宸殿の）上に参じ椅子《いし》につく」（628頁）。

・『北山抄』、「皇太子は東階より（紫宸殿に）昇る」（284頁）。

（備考1）「東階」は、紫宸殿の東側階段（軒廊《こんろう》と連絡）。皇太子はここから式場に入られる。

（備考2）「椅子《いし》」は背もたれがある。兀子《こっし》は、現代のピアノ椅子《いす》に似て、背もたれも肘掛けもない。

D、宣命文は、大内記《ないき》が起草。儀場で天皇に（手渡しは不敬なので）杖《つえ》に挟んで奉り、「可」の仰せをもって清書。

・『貞観儀式』、「大臣は、(大)内記を召して譲位の宣命を作れと(命)令す」(420頁)。

E、皇太子が椅子より起立されると、これを合図に、**宣命大夫**(宣命使、中納言か参議の公卿)**が二回宣制する。**

F、参列者は、**第一回の宣命宣制の後、二回拝礼。第二回の宣制の後は、二回拝礼か拝舞。**

・『江家次第』、「宣命使(は)版(位に)就《つ》く、太子起《た》つ。(宣命使)宣制、群臣拝舞。また宣制、群臣再拝あるいは拝舞」(629頁)。

(備考)式典の前、参列する皇族・堂上公家は建礼門(南門)の内側に、地下官人は建礼門の外側に儀列。皇太子のご起立をもって、建礼門が開門。皇族・堂上公家は承明門をくぐり南庭に儀列。地下官人は南門をくぐり承明門の外に並ぶ。これを「外弁」(「内弁」の補佐役)が監督。紫宸殿上の東階側に立つ「内弁」が、譲位式典の総括監督。

G、新天皇は**紫宸殿の南階を降り**、三㍍ほど進みターンし、**天皇に向って拝舞**する。

・『江家次第』、「新帝（は南階を）下（お）り拝舞す」（629頁）。

・『北山抄』、「今上（新天皇）は南階より降りて、階（段）を去ること一丈ばかり（三㍍ほど）、北に向き（南）階の中央（線）当りで拝舞す」（284頁）。

H、譲位・受禅の前に、大規模な譲位パレードを行うこと。

・『貞観儀式』、「天皇は本宮（御所、江戸時代であれば御常御殿）を去り、**百官を従えて**（＝大パレードをして）、御在所（仙洞御所）に遷《かえ》る」（419頁）。

剣璽渡御が完全破砕された「四・三〇」「五・一」は、菅義偉と山本信一郎の凄まじい赤炎の革命成果

譲位式典は、十以上の儀式からなる。うちトップ・スリーと言えば、宣命の儀／剣璽渡御の儀／譲位パレードの儀であろう。

「剣璽渡御の儀」は、上記の譲位・受禅における「宣命の儀」と一体不可分に執り行われる。平安時代では、朝、「夜御殿」から内侍に捧持されて、前天皇とともに紫宸殿に遷幸し、御譲位・受禅の儀式中は前天皇の傍。儀式が終わると、新天皇はいったん東宮御所に戻られ、清涼殿でのいくつかの儀式が終わるまで待たれるが、二人の内侍（女官）はそれぞれ宝剣と神璽を捧げて、清涼殿の夜御殿に奉安されるまで清涼殿の新主となられる新天皇の後ろにひたすらぴったりついて行く。

・『貞観儀式』、「拝舞を終え（新天皇は）歩行（で）御列に帰る、内侍は節剣をもちて追従す」（423頁）。
・『北山抄』、「（拝舞畢《おわり》て新天皇は）東行し（軒廊《こんろう》に設置されている）御休み所に還《かえ》る。内侍二人（典侍・掌侍各一人それぞれ）神璽・宝剣をもち、（新天皇の）前と後にさぶろう」（284頁）。
・『江家次第』、「（新天皇の拝舞終了と同時）内侍等は神璽等をもって（新天皇に）相従う」（629頁）。

要するに、譲位受禅の儀式終了と同時に、剣璽はいつの間にか新天皇に渡御している。このように、剣璽渡御の儀式は、儀式らしい儀式は何もないが、剣璽は紫宸殿に御される前天皇とともに（内侍が捧持して）紫宸殿上に遷幸されておられたが、新天皇が紫宸殿を出御されるとき、剣璽も新天皇にぴったりくっ付き遷幸されることにより、完全なる渡御の儀がいつの間にか執り行われていたということになる。

剣璽渡御の、このような〝儀式を超えた儀式〟を、〝赤い悪魔〟菅義偉と山本信一郎は根底からぶっ壊すべく、絶対にできないようすべく、悪辣非道の〝犯罪式典〟「四・三〇」「五・一」を考案した。なぜなら、この両日における剣璽は、こうなるからだ。

① 「四・三〇」で、正殿の今上陛下が剣璽を帯同されておられようとおられまいと、剣璽は「四・三〇」に主権者たる人民に帰属する。「退位」は、天皇の廃帝を意味する、〝譲位〟の対置概念。〝譲位〟を排斥する〝反譲位〟の意味を持つ。

② 主権者たる人民（国民）は、皇室の皇位継承を完全に無視し、自分たちの意思において、主権者たる人民（国民）に手にある剣璽を、「有り難く思え、新天皇野郎！」と、「五・一」に徳仁《新天皇》陛下に「渡してやる！」を、剣璽渡御の儀式だと詐称する。

③ この結果、譲位・受禅の儀も行われておらず、当然、剣璽も渡御されていない。すなわち、皇位継承はなされていない。新天皇は、天皇の御印である剣璽を、政府から渡されご所有なされるだけ。つまり、神武天皇からの王朝の天皇ではなく、新王朝の一代限りの初代天皇となられる。

④ 剣璽は、皇位継承の神聖な宝剣や神璽ではなく、天皇の御印にすぎず、唯物論の〝物〟に扱われている。

光格天皇の〝複雑かつ前例のない〟剣璽渡御の儀は、どう伝統と整合させ合致したか

江戸時代は、剣璽は御常御殿の「剣璽の間」に奉安される。1817年3月22日の剣璽遷幸経路は次。

① 光格天皇御座乗の鳳輦に従い、午前7時、剣璽は御常御殿から紫宸殿に遷幸。璽は鳳輦の中に、剣は鳳輦よりかなり前を行く櫃《ひつ》に納められている。

② 光格天皇は、譲位パレード開始の30分前、7時半頃、紫宸殿にて剣璽渡御の儀

の一部を執り行なわれた。
③　剣璽は、譲位パレードとともに仙洞御所へ（午前10時着）。午後2時までここに仮奉安された。
④　剣璽は、仙洞御所より清涼殿に遷幸（午後2～3時前）。経路は、「仙洞御所正門→内裏・建春門→日華門→紫宸殿西側の階段から廊下伝いに清涼殿→夜御殿」。午後3時半、剣璽渡御の儀式が開始。「公卿以下が、（清涼殿の東にある儀場の）庭に立つ」とある。この後、内侍二人が夜御殿に仮奉安されている剣璽を捧持して、新天皇と共に紫宸殿の南庇に遷幸。何らかの儀式が挙行された。
⑤　午後4時、**〝剣璽遷幸パレード〟**「紫宸殿南庇→南階→南庭→日華門→御常御殿」が挙行された。すべての道筋に筵《むしろ》が敷かれている。行幸と同じ規模。関白、左大臣、右大臣以下、堂上公家の高官七十六名を含む二百名以上の大パレード。この七十六名については、『光格天皇実録』第三巻の1676～9頁にリストされている。午後5時すぎに終了。

この**〝剣璽遷幸パレード〟**については、絵が描かれなかったのか、残っていない。が、それは、1687年の霊元天皇から東山新帝への剣璽渡御パレードと同じ規模で同じ儀式だから、『東山天皇剣璽渡御行列之図』から窺《うかが》い知ることが可能。後者は、小原家文庫に所蔵されている。手続きをすれば、拝観することが可能。このパレードから分かるように、剣璽の渡御は、天皇の行幸と同一の扱いであった。

⑥　剣璽が御常御殿「剣璽の間」に奉安。午後5時すぎ。

以上のことから解るように、光格天皇と新帝の仁孝天皇は、紫宸殿で同時儀式を挙行されたわけではないが、A前天皇・新天皇それぞれが紫宸殿に臨御され紫宸殿で剣璽渡御の儀が執り行なわれたこと、B剣璽は仙洞御所の光格天皇から清涼殿の仁孝天皇に、野球のキャッチボールのように、確かに渡御したこと、の二点において、伝統儀式が伝統にたがわず完全に履行されている。光格天皇以前の、平安時代以降の四十九のケースに見る、紫宸殿に御される前天皇がお見送りなされる中で新天皇に剣璽が捧持されていく渡御方法と、基本は何ら変わらない。

が、「四・三〇」「五・一」には、剣璽が前天皇から新天皇に渡御する光景は、一欠けらも匂いすらも完全に排除される。抹殺される。今上陛下が「老国家公務員」や「囚人」に扱われる「四・三〇」は、実態的には、今上陛下へ「廃帝！」を宣告する

〝狂気の人民法廷〟になっているからだ。剣璽渡御は、「四・三〇」「五・一」のどこにも、片鱗すらない。

第四章

「皇太弟」を剝奪された
秋篠宮殿下の天皇即位は、〝無い〟

〝流言飛語〟「直系主義」の大嘘に洗脳された〝日本国民の愚鈍〟

正語「譲位」と正語「皇太弟」をともに抹殺し、極左イデオロギー語「退位」を掲げた特例法を、退位日と即位日を別々の日にした〝前代未聞の悪辣《あくらつ》措置〟と総合してみよ。双方は完璧に整合するではないか。これだけでも秋篠宮殿下が皇位に即く可能性は限りなくゼロなのがわかる。共産革命は、必ず〝言葉殺し（logocide、正名潰し）〟から始まる。「皇太弟」が不在なのは、次の御代に皇位に即《つ》かれる皇儲《こうちょ》を存在させないぞ！　の強い意思から産まれている。

「正名」つまり「正語」に拘《こだわ》ることなくして、日本国の天皇制度を維持していくことは不可能である。とすれば、表1に示す如く徹底して皇室用語を抹殺し破壊した安倍晋三の心底が天皇制廃止であることに、疑う余地は無い。本心隠しの演技などいとも簡単なこと。それでも、「安倍は天皇制廃止を信条としていない」と主張したい者は、安倍晋三が〝天皇制廃止の急先鋒〟菅義偉を、皇室担当の主務大臣および内閣官房長官からなぜ追放しないのか、の理由をまず説明されたい。

「退位」特例法によって、天皇制廃止は、次期天皇を最後として、必ず近未来に決行

表１；安倍晋三こそ、絶対に遵守すべき天皇制度根幹語を抹殺し破壊した主犯

正語・正名	共産革命語	なぜ、「正語」を用いないか。その理由と秘められた真意。
譲位	廃止、「退位」に変更	今上陛下は、代替わりの譲位が禁止され、いったん天皇制を廃止すべく、**退位させられる**。
受禅	廃止	新天皇は、御代替わりの譲位・受禅による即位ではなく、新王朝の初代として天皇に即位する。よって、皇位の正統性は半分しかなく、この新王朝を一代で終わらせることが正当化された。
皇太子	廃止、虚名「皇嗣殿下」で誤魔化す	自動的践祚権を持つ「皇太子」の“位”を空位とする。先帝の崩御に際し、（皇太子と同じ）「皇太弟」ではない「皇嗣殿下」には自動的践祚権はない。皇室会議は恣意的にその践祚を拒否できる。
立太子礼	立皇嗣礼	立太子パレードの禁止は、伝統に正しい絶対不可欠の「立太子の礼」を省略するため。“立太子礼もどき”でお茶を濁される秋篠宮殿下の実態は、ますます「皇太弟」から遠のく。現に、殿邸は**東宮御所**ではなく、赤坂御用地内の秋篠宮家邸のまま。
東宮御所	廃止	
東宮職	廃止	奇々怪々な珍語「皇嗣職」は、「東宮職」を代替しない。
東宮大夫	廃止	奇々怪々な珍語「皇嗣職大夫」は、「東宮大夫」を代替しない
東宮侍従長	廃止	

される。確度は99%。すなわち、秋篠宮殿下の即位もその皇子・悠仁親王殿下の即位もまずありえない。特例法がそう定めているからだ。以下、この理由の要点を記す。

第一は、秋篠宮殿下は、**皇太子と同義の、皇太弟**ではない。これは〝秋篠宮殿下に皇位継承させない〟と定めたからだ。皇太子でなければ、皇室典範第十一条が定める自動的な践祚・受禅はできず、皇室会議がその皇位継承につき再審議できる。皇室会議は、定員十名中、皇族は二名で事実上オブザーバーにすぎない。なぜなら、皇室典範は、三分の二以上の七名で決すると定めているからだ。

すなわち、七名の国家公務員の高官は、皇嗣・秋篠宮殿下の「皇位継承第一位」の順位を下げることをいつでも簡単にできる。脅迫し皇族から追放することも可能である。菅義偉・官房長官や山本信一郎・宮内庁長官は、矯激《きょうげき》な共産主義者だから当たり前だが、この凶悪な犯意あらわに、秋篠宮殿下を「皇太弟」にしなかった。

こんなことも知らない一般国民とは、無責任な〝愚鈍の衆〟にすぎない。また、日頃、皇室尊崇を売りにして政治団体活動をする日本会議もまた、馬鹿以下の無学無教養ぶりを剝《む》きだして、天皇制度の廃止を定めた「退位」特例法に驚くことすらない。

皇嗣は、「皇位継承第一位」を意味する抽象名詞。皇太子/皇太孫/皇太弟のように、皇位を自動的に継承する盤石の〝位〟を示す語彙ではない。すなわち、「皇嗣」

と「皇太子／皇太孫／皇太弟」とでは、その地位は、天と地ほどに異なる。

菅義偉と山本信一郎と横畠裕介の〝共産党員三羽烏〟は、現在の皇太子を最後の天皇にして、これにより天皇制を廃止すると定めた特例法を起草したのである。特例法は、安倍総理が国会で無風・無議論で通過させたい（＝内容なんかどうでもいい）との本末転倒の要望が公言されていたから、つまり特例法は国会で審議なしで原案通り国会を通過すると定まっていたから（＝特例法を、天皇制廃止法にしても「糾弾されない」／「修正されない」のが事前に定まっていたから）、菅義偉と山本信一郎と横畠裕介の〝共産党員三羽烏〟は、**皇太子を**、皇室典範増補（＝特例法）で**明文的に禁止して「不在とする」**のを定めたのである。皇太子不在の制度化の革命は、かくも無風で成功した。これによって、**天皇制度は次期天皇をもって消滅・終焉する、**ことは既定路線になった。

しかも、この皇太子の禁止と不在を制度化すべく、実際にも宮内庁法を改悪し、「東宮職」を全廃した。秋篠宮殿下は「皇太弟（東宮）ではありません」と、宮内庁法はこの特例法の趣旨を重ねてダメ押し的に明文化した。これらの法文規定によって、秋篠宮殿下を〝奇語妄語〟「皇嗣殿下」と呼ぼうとも、秋篠宮殿下は、その第一位皇位継承権を皇室会議がいつでも剝奪できる一宮家に留めおかれた。

女性宮家を創設し、愛子内親王殿下を形式的であれ宮家当主とするだけで、秋篠宮殿下の「皇嗣」は一瞬にして雲散霧消する。その時、秋篠宮殿下の皇位継承順位を正式に下げる。火を見るより明らかなこと。もし、秋篠宮殿下がこれに抵抗すれば、皇室会議が同殿下の〝皇族の身位〟をすぐさま剝奪する。少なくとも特例法は、そのように定めた。その皇子の悠仁親王殿下が、御即位される可能性は1％もない。

第一節　秋篠宮殿下の皇位継承は、壮麗な立太子パレードの挙行のみ

〝共産革命法〟特例法の定めを転倒させる方策が、ただ一つだけある。光格天皇の叡慮に学ぶこと。すなわち、**天皇制度が強制消滅される危機**から脱する智慧は唯一、光格天皇から授けられる。

光格天皇は、〝中世・近世の君主〟というより〝近代の君主〟であられた。一般国民の尊崇心とか忠誠心とかを政治的に重視することは、それ以前の天皇にはなく、まさに時代を先駆する天皇であられた。日本最初の〝近代的な君主〟は、明治天皇ではなく、実は光格天皇と申し上げるべきだろう。現実にも、明治維新後の日本を西洋化

に牽引し、英国ヴィクトリア女王を範とした明治天皇には、光格天皇の影が濃くちらついている。

特例法が秋篠宮殿下の皇位継承権を剝奪する準備法である事実を、事実として日本国民はしっかと直視する必要がある。オーストラリアの駝鳥《だちょう》のごとく、危機に面して目をつぶっても、危機は去ってはくれない。危機を回避することもできない。

すなわち、秋篠宮殿下の皇位継承権第一位を不動にして不可侵の盤石にする、そのための特例法の〝非法〟を粉砕できる方策を採ればいいのである。それはまず、国民がこぞって**秋篠宮殿下は「皇太弟」である**と確信すること。また、国民が一致して解釈「皇嗣殿下＝皇太弟＝皇太子」を常識と化しておくこと。問題は、国民にそう確信させ、そう常識化させる方法などあるのか、に尽きよう。

答えは、ある。それが、立太子パレード。天皇・皇室のパレードは、英国の王室でも同じだが、国民との精神的・感情的つながりや絆を形成し、かつ決定的に鞏固にする。これを日本で最初に発見し最初に実践したのが、１７９０年の光格天皇であり、１８１７年の光格天皇であられた。

秋篠宮殿下が、１９５２年11月に挙行された、父帝・今上陛下の立太子パレードをご再現されれば、国民にとって**秋篠宮殿下は皇太弟である**と確信し、常識ともなる。

この確信と常識が、特例法に潜ませた「天皇制廃止の猛毒薬物」を浄化する。

ちなみに、今上陛下が成人の十八歳になられた1952年11月10日の立太子パレードは、馬車三台からなる荘厳にして華麗なパレードであった。その光景を、『朝日新聞　夕刊』1952年11月10日付けや『週刊朝日』1952年11月30日号などの写真から思い出されたい。

この立太子パレードのコースは、渋谷の仮・東宮御所を御出発になられ、青山通りを赤坂見附に向かい、内堀通を虎ノ門へ、そして警視庁前から祝田橋、最後が皇居の正門石橋と二重橋を渡り、仮宮殿までであった。

秋篠宮殿下は、この父帝・今上陛下と全く同一の立太子パレードを、馬車かオープンカーいずれでも結構ですが絶対に挙行されますよう、畏《おそ》れ多くも恭《うやうや》しく恐懼しつつ、切に言上《ごんじょう》申しあげる次第でございます。『朝日新聞』1952年11月10日付けの写真を図1に、『週刊朝日』1952年11月30日号の写真を図2に、掲載。

図１；『朝日新聞　夕刊』1952年11月10日付け

図２；『週刊朝日』1952年11月30日号

第二節　〝奇怪な称号〟「秋篠宮皇嗣殿下」は、正語「皇太弟」殺しの有毒語

２０１９年５月１日に正しく譲位・受禅の皇位継承が遂行されれば、今上陛下の〝ご譲位〟（**「退位」ではない**）に伴い、天皇に践祚される現皇太子の〝位〟を継がれるから、「皇弟」秋篠宮文仁親王殿下は称号「皇太弟」の〝皇太子〟におなりになられる。

しかし、特例法を策定した安倍晋三の真赤な内閣官房は、総力を挙げて、新帝の「皇弟」になられる秋篠宮文仁親王殿下を、**「皇太子にもしない」「皇太弟にもしない」**という、我が国二千年にわたる皇位継承法の一般規則に違背する異常な〝反・皇位継承に叛逆する制度〟を創った。それが、啞然とせざるを得ない〝奇々怪々な称号〟「秋篠宮皇嗣殿下」のでっち上げである。

「皇太子待遇」とは、〝正統な皇太子ではないが、皇太子並みに扱ってあげる〟とか、〝正統な皇太子が就位するまで暫定的に、皇太子のご公務を代行せよ〟との謂いであ

る。すなわち、秋篠宮文仁親王殿下を**「皇太弟ではない」「皇太子にしない」**を意味する珍奇で異様な立場「皇太子待遇」にでっち上げたのは、身位「皇太弟」を剝奪するのが目的の共産革命だからである。

ここで問題とすべき事柄には二つある。先に第二番目。政府に許されていない、こんな奇怪きわめる〝狂語〟**「秋篠宮皇嗣殿下」**を造語したのは、安倍政府が強度な皇室憎悪感情を秘めているからだ。つまり安倍晋三が、白昼公然にこの犯罪的造語をつくった問題。

第一番目の問題はもっと重大でもっと深刻。秋篠宮親王殿下を「皇太弟（＝皇太子）にしない」ことは、**天皇位に継ぐ機関「皇太子」を空位にする**ことだが、これは有ってはならない事態。我が国が二千年間奉戴し続けてきた天皇制度の根幹を転覆する事態で、〝悪魔的な共産革命〟なのは言うまでもない。〝コミンテルン32年テーゼ〟を狂信しての、天皇制廃止の革命意図なしには、狂語**「秋篠宮皇嗣殿下」**は、決して発想されえない。共産革命語**「秋篠宮皇嗣殿下」**には、皇室と皇室典範に対する、どす黒い殺戮的な破壊の犯意が、旗幟鮮明に濃縮されている。

また、「皇太弟」ならば、「皇太子」と同じく、英語Crown Princeに訳せる。が、**「秋篠宮皇嗣殿下」**をそう英訳することはできない。だが、菅義偉や宮内庁は平然と、

「Crown Princeに訳します」と嘯いた。これは、外国を騙す詐欺師の手口ではないか。日本国の官庁は、いつの間にか詐欺師集団になっていた。英訳をCrown Princeとするなら、安倍晋三は、特例法も政府文書も、このCrown Princeに相当する「皇太子」か、それと同義の「皇太弟」という正しい国語に改正すべきだろう。

安倍晋三は、日本国の総理大臣なのだから、正しい日本語（国語）からなる特例法を、日本国民に提示しなくてはならない。今般の特例法に関わらず、日本国の国法はすべて、正しい国語で書かれなければならない。しかし、特例法の原案を起草した〝成蹊大学卒のスーパーお馬鹿〟安倍晋三は、ゴロツキ遊び人の本性を剝《む》きだして、内閣の最小限の責任と義務も果そうとはしない。

さて、最重大な問題は、秋篠宮殿下を「皇太子」や「皇太弟」にしない特例法が、皇室典範に違反するという違法性にあろう。皇室典範には、第十一条二項「皇太子及び皇太孫を除く」が定められているから、「皇太弟」を置かなければ、皇太子と皇太孫を規定した皇室典範第八条の規定と決定的な背離を起こす。もっと簡単に言えば、「皇太弟とは、皇太子である」から、〝皇太弟の不在〟は、「皇太子の空位」であり、皇室典範第八条に対するテロ爆弾のような〝破壊的な違反〟を犯している。

皇太子〝位〟の空位は、秋篠宮殿下の天皇即位を阻止する〝皇族離脱強制〟の前夜情況

皇太子を空位つまり不在にする目的や理由は、常識的にも二つしかない。第一の理由は、「皇太子」には、秋篠宮殿下以外の皇族を据える予定があるため。第二の理由は、徳仁親王・皇太子殿下が最後の天皇（ラスト・エンペラー）として天皇制は消滅的に廃止されるから、「皇太子／皇太弟」は、もはや不要であるため。

第一の場合は、言うまでもなく、愛子内親王殿下を皇太子にして、女性天皇・女系天皇にして天皇制度を自壊させる策謀に従っている。この天皇制廃止のコミンテルン革命の方策では、文仁親王殿下は〝秋篠宮殿下のまま〟であらねばならない。「皇太子空位」を隠蔽するための珍妙奇天烈な称号「秋篠宮皇嗣殿下」は、まさしくこの犯意から創られた。そして、〝詭弁の極み〟「直系主義」が大規模・大量に嘘宣伝されている。

①**〝皇太子空位〟**という天皇制廃止情況を法的に創った悪の作為と、②我が国の伝統的皇位継承〝法〟である**無限傍系至上主義**を定めた皇室典範に〝逆さ嘘ラベル〟

「直系主義」を貼ってこれにすり替えた偽情報工作とを、総合的に勘案すると、次のように、全貌が見えてくる。

まず、空位となった皇太子の〝位〟に、愛子内親王殿下が就いて頂ければ、瞬時に女性天皇・女系天皇にする国体変革の共産革命が成功する。女性天皇／女系天皇になれば、国民の大半が一気に天皇制支持から「廃止了解」に雪崩のごとく変化する。天皇制度はあっという間に自然消滅する。要するに、「皇太子の空位」は、愛子内親王殿下を予定しているためで、これにより天皇制は100％の確度で自然消滅する。〝女性天皇・女系天皇による国体つぶし革命〟の一環としての「皇太子の空位」である。

女性天皇・女系天皇の共産革命を正当化する三百代言的詭弁が、スローガン「直系主義」。「皇室典範は直系主義を定めている」などと、皇室典範をあらん限りに歪曲・捏造した〝嘘つき〟赤い官僚——内閣官房や内閣法制局や宮内庁の共産党員官僚——を一人残らずあぶりだし、官界から物理的に叩きださねばならない。

第二のケースは、「儲君《ちょくん》」「儲嗣《ちょし》」である「皇太子」「皇太孫」を定める皇室典範第八条を、今上陛下のご譲位を悪用して、早々と空文化しておこうという策謀。**「皇太子」「皇太孫」であれば、自動的に天皇に践祚・即位する。**一方、それ以外の皇位継承権を持つ皇族の場合、仮に皇嗣であろうとも、皇室典範第十一条二項によって、皇族からの離脱が可能だから、外部からの脅迫で皇族離脱を強制できる（注1）。

具体的に言えば、秋篠宮殿下が、皇太子を定める典範第八条の〝当然の解釈〟から「皇太弟」となっていれば、「脅迫で皇族離脱を強制する」ことなど万が一にも不可能になる。「皇太弟」と「秋篠宮皇嗣殿下」とでは、その〝身位〟は天と地ほどに異なる。東宮職に相当する「皇嗣職」を設けるとか、皇族費が皇太子の東宮家と同じとか、そのようなことは議論に値しないナンセンス。なのに、２０１７年の前半年間、こんなトリヴィアな話題ばかりを新聞テレビが報道した。「秋篠宮殿下を皇太弟に！」と、国民が正常を取り戻して、その声を上げるのを事前封殺するためだった。

「皇嗣」は、「皇太子」「皇太弟」のように〝身位〟を特定する用語ではない。「皇位継承順位第一位」を意味する一般的な謂い

「皇嗣」とは〝皇位を継ぐ皇族のうち、皇室典範第二条の順位に基づき、皇位継承第一位の皇族〟という意味。「皇嗣」とせずに、旧皇室典範の**「儲君《ちょくん》」**や**「儲嗣《ちょし》」**ならば、〝次代の皇位を絶対的に継ぐ皇嗣〟という意味になるが、これとも違う。すなわ

ち「皇嗣」は、「儲嗣」に比すれば、一般化の抽象度が強く滲《にじ》んでおり、皇位継承の絶対性をもつ「儲嗣」ほどの強さや重みすらない。旧皇室典範第十五条を次に示す。

「第十五条　**儲嗣たる皇子**を皇太子とす　皇太子あらざる時は**儲嗣たる皇孫**を皇太孫とす」

では、次の課題。雲泥の差異がある正語「皇太弟」と妄語「秋篠宮皇嗣殿下」の相違と同様、立太子パレードを秋篠宮文仁親王殿下がなさるか否かで、その御立場には雲泥の差異が生じる。なぜなら、立太子パレードこそは、立儲礼《りっちょれい》（立太子礼《りったいしれい》）の儀式の中核をなすから、これを挙行するか否かは、皇位継承に際して決定的な相違を齎《もたら》すからである。つまり、立儲礼ならびに立儲パレードを経たか否かの方が、「皇位継承順位一位」より圧倒的に権威が高い。法諺《ほうげん》ではないが、「正義や真理の行為は、法律規定を凌駕する」のである。

天皇制廃止に人生の全てを賭けた狂信的な共産主義者の園部逸夫は、これを知るが故に、今般全力を上げ〝共産党員の同志で昵懇《じっこん》の仲間〟菅義偉や山本信一郎に、立儲礼と立儲パレードの廃止につき、命令的な工作をしてきた。菅義偉と山本信一郎は、国民にバレた時の反動を恐れ、「正殿における立儲礼は行う、しかし国民との契約効果が絶大に発生する立儲《りっちょ》パレードはしない」と、半分ほど妥協したが、天皇位継承を絶望にするに効果抜群の〝立儲パレードの禁止〟の方は園部の悪知恵に従った。

園部逸夫とは、かねてから、「立太子の礼」廃止による〝次御代の天皇不在〟を創り、天皇制廃止を完遂する革命路線の提唱者。「立太子の礼は、法律上の効果を有する儀式ではない」（『皇室法概論』527頁、注2）との、園部逸夫の逆立ち狂説は、この革命意図からのでっち上げで、凶悪な共産革命の最たるもの。

ところが、安倍晋三が内閣官房に設置した「特例法案起草の総括事務局」も、これが発展した「皇位継承式典事務局」も、園部逸夫の教条的共産革命本『皇室法概論』に、経典かのように拝跪する。つまり、安倍晋三とその内閣は、強度な〝「皇太弟」拒否主義〟園部逸夫の妄説を金科玉条であるかに盲従した。彼らは、園部逸夫流〝「皇太弟」拒否主義〟の罹患者集団なのだ。

〝「皇太弟」拒否主義〟の病原体である園部逸夫の妄説狂説には、『皇室法概論』428頁の「天皇の弟で皇嗣であるものを皇太弟と言うことは、皇室典範上はない」など、卒倒する詭弁ばかり。が、**「天皇の弟で皇嗣であるものを皇太弟と言う」**は、明々白々な常識だし、唯一に正解の定義でもある。要は、「天皇の弟で皇嗣であるものを皇太弟と言う」であり、これは一般日本人にとって自明の事実。また、唯一の真実であり、法律学以前の常識でもある。

古来からの皇室伝統は、ある時代の一時的な明文憲法やある世代の人智の作品たる法律なんぞをはるかに超える〝最高度の真理〟で〝優越する法〟である。故に、皇室典範やその増補たる特例法は、この〝法の支配〟を受ける下位法にすぎない。「皇太弟」秋篠宮殿下に対し立太子礼や立太子パレードを拒絶することは、この〝法〟に対する暴力的な無法行為であるから、違〝法〟unlawfulの極みとなる。

朝日新聞は「秋篠宮皇嗣殿下」など、決して報道しない。「秋篠宮さま」と報道する

そもそも、朝日新聞やTBSやテレビ朝日など、日本の新聞テレビが、「秋篠宮皇嗣殿下」などと報道することはない。現に、日本の新聞テレビは、共産党から命令された通りに、皇室典範が定める敬称の「殿下」すら用いず、「様」に貶《おとし》めている。つまり、「秋篠宮皇嗣殿下」の後半四文字「皇嗣殿下」は、削除されたと同様に、完全に無視される。つまり、「秋篠宮さま」や「秋篠宮家」という言語は今まで通りに存

在するが、「秋篠宮皇嗣殿下」は瞬時に消し去られる。すなわち、今上陛下のご譲位後の日本では、皇太子も不在の上に、「皇太子待遇」も不在となるのは明々白々。
秋篠宮文仁親王殿下の〝正しい称号〟「皇太弟」問題は、真正の日本国民は、命を捨てても、譲歩や妥協をしてはならない。この箇所の特例法改正運動は、何年かかろうとも、達成するまで中断してはならない。

注

1、２０１７年６月成立の特例法案作りに２０１６年５月から携わり、「皇太子不在」による天皇制廃止革命を安倍晋三に吹き込んだ、そのリーダーである園部逸夫は、昔から、「結果的に皇族の身分を離れる意思表示を強制させられるということが生じることも考えられないことはない」と述べていた（『皇室法概論』、５８８頁）。ルイ十六世やニコライⅡ世の強制退位と同様な、皇族を強制的に（一般人の）臣籍に降下させうる、暴力的な共産革命の実行を潜ませているのが特例法である。
2、園部逸夫『皇室法概論』、第一法規。なお、園部逸夫は、この５２５頁でポロリと最も権威ある皇室典範コメンタリー『帝国学士院　制度史・四』１９９頁にある重要解釈「皇嗣の冊立《さつりつ》ありたる時は、その皇嗣が皇子または皇孫なると、**皇兄弟**またはその他の皇親なるを問わず、これを**皇太子と称す**」を引用している。

第三節　「皇太弟」抹殺は、皇室典範第八条違反！　憲法第二条違反！

新聞報道は、次のように報じている。「《皇太弟》についても、天皇の弟に特別に称号を与えることが『皇室典範が定める皇位継承の**直系主義**を揺るがす』（政府関係者）との意見が根強く、見送る方針だ」（『朝日新聞』２０１７年4月5付け、一面）。

が、**皇室典範とは、この逆**を定めている。皇位継承として**直系主義を全否定し、その排除を定めている**のが皇室典範である。直系主義の全否定とその排除こそは、古来からの皇室の皇位継承の絶対的な一般規則だからだ。故に、明治皇室典範だけでなく、昭和皇室典範でも、この「直系主義を全否定しそれを排除する」をそのままそっくり引き継ぎ骨格にしている。

すなわち、新聞が垂れ流した報道「皇室典範が定める皇位継承の直系主義」は、法文の定めを逆にした、真赤な嘘解釈の偽情報宣伝（プロパガンダ）である。ありもしない架空の皇室典範を大捏造している。

「皇室典範は直系主義を定めている」は、天皇制自然廃滅を狙う共産党員官僚が大捏造して流した大嘘

皇室典範は、第二条第一項で、皇位継承順位を定めている。第一項4号は、「皇次子（現時点では、秋篠宮殿下を指す）およびその子孫」。第一項の6号では、「**皇兄弟**およびその子孫」。第一項の7号では「**皇伯叔父**およびその子孫」。第二条第二項では、「前項各号の皇族がないときは、皇位は、それ以上で、**最近親の系統の皇族**に、これを伝える」としている。皇位継承は、この順位規定によって、傍系の傍系、さらに傍系へと延々と**〝無限の傍系原則〟**を定めている。皇室典範とは、直系主義を否定する**〝無限傍系主義の聖典〟**である。

直系主義なら、第二条第一項4号以降も第二条第二項も存在しないはずではないか。そして、この第二条第一項4号こそ、「皇太弟」の定め。つまり、上記の「《皇太弟》について も、天皇の弟に特別に称号を与えることが、皇室典範が定める皇位継承の直

系主義を揺るがす」との間違った解釈を、眉を顰《ひそ》めて「なんとひどく狂った大嘘解釈だ」として済ますことはできない。このような不当な解釈は、皇室典範第二条第一項4号に重大に違反するから、安倍晋三は、こんなトンデモ解釈をなした赤い官僚を分限免職に処さねばならない。

もう一度言う。皇室典範は**傍系至上主義**を定めている。この常識、国民あげて拳々《けんけん》服膺《ふくよう》しなくてはならない。内閣官房に蔓延《はびこ》る赤い官僚は無法者と化して、今や、天皇制廃止を目標に、やりたい放題に暴走・爆走している。暴言・狂言を吐き放題である。これを阻止するには、まず国民が、赤い大臣だけでなく、赤い官僚の方もしっかと監視し糾弾し排除していく、深い教養と知識を身に着けることだ。

なお、先述の朝日新聞も、見出しを「典範の直系主義重視」とし、真赤な嘘を嘘と知りつつ、大書きしている。国民を過導の洗脳をするためである。

皇室典範がうっかり失念していた〝古き良き法〟を発見し、皇室典範に増補するのが「特例法」

新聞報道によれば、共産党員らしく六流学者のくせに、悪賢さだけは超一流の御厨貴らは、「皇太子待遇」という**悪魔的な不敬語**を造語した。彼らはついでに、同時に国会議員や国民にこの不敬語の言訳をする屁理屈や詭弁も三つほど考案したようだ。第一の詭弁が、現行皇室典範の条文の狭義解釈。第二が、「皇室典範は直系主義を定めている」という、皇室典範に対する真赤な嘘の捏造。第三が、〝白々しい屁理屈〟「秋篠宮家を存続してあげたいから」。

第三番目から暴いていこう。秋篠宮親王殿下は、皇太子となって**東宮御所**に遷《うつ》られることができず、御所に比すれば二ランク以上も低い宮家邸に甘んじなければならないが、そうしなければならない合理的理由は一つでもあるのか。「御所」とは、天皇・皇后両陛下の**御所**、皇太子殿下の**東宮御所**、太上天皇の**仙洞御所**、皇太后陛下の**大宮御所**などを指す。これら「御所」は、御所と殿邸の言葉の相違のままに、「宮家邸」とは格が全く異なる。

しかも、「秋篠宮家を存続してあげたい」などという理屈が詭弁なのは、それを口にする者が一度も高松宮家や秩父宮家の断絶を憂えなかった事実に証明されている。また、断絶せんとしている常陸宮家の存続問題について口にしていない事実でも、その詭弁は十全に証明されている。秩父宮家／高松宮家の存続を考えなかった者の「秋篠宮家の存続」論が〝嘘と詭弁〟なのは自明にすぎよう。

次に、皇室典範の規定だが、第八条は「皇嗣たる皇子を皇太子という。皇太子のないときは、皇嗣たる皇孫を皇太孫という」と定める。これは文言の多少の変更はあるが、基本的には旧典範と全く同じ。井上毅ほどの碩学でも「皇太弟」という言葉をうっかり失念したと解すれば、典範の瑕疵《かし》は新旧とも同罪ともいえる。が、「皇太弟」は「皇太子」に含まれるとの常識から〝重畳《ちょうじょう》すぎるから〟と、敢えて書かなかった可能性の方が高い。この場合なら、三文字「皇太弟」の欠如は瑕疵にはならない。

典範の不備を増補するのが特例法である。特例法の規定を、典範の条文の狭義解釈で演繹《えんえき》するのは、増補を目的とする特例法の趣旨に適うものでない。そもそも理に合わない。そのような解釈で起草するなら、特例法そのものが〝ご譲位〟を禁じる現行典範に違反していることになるから、特例法そのものが成り立たない。

特例法とは、「見落としていた」古来からの〝古き良き法〟を発見して、それを皇室典範に追加するものである。ならば、現行典範においてすら充分に正しい解釈「皇太子は、皇太弟を含む」に従い、秋篠宮親王殿下を「皇太子」または「皇太弟」と定めてこそ特例法であろう。特例法は、皇室典範と〝古き良き法〟とを、〝法の支配〟において解釈する一般原則に、必ず立脚していなければならない。

「皇太弟」空位では、憲法第二条が定める「世襲」は不可能になる。「皇太弟禁止」は、憲法第二条違反！

「皇太弟」という「皇太子」を欠く、そのような皇室を、憲法第二条は想定していない。つまり、憲法第二条は、「皇太子」と同義の「皇太弟」の不在を認めていない。

憲法第二条の定めは、「皇位は、世襲のものであって、皇位継承順位に従い、第一位の皇族がこれ（＝皇位）を継承する」である。すなわち、世襲原理の皇位継承を絶対規範と定める憲法第二条の条文に従い、崩御であれ譲位であれ、先帝陛下の皇位を自動的に践祚する「皇太子」の身位を、皇室は常に皇族の一人に特定しておくことが義務づけられている。〝狭義の皇太子〟無き場合、「皇太孫」もしくは「皇太弟」が、必ず〝広義の皇太子〟とならなければならないのは、この皇位継承の一般規則による。

換言すれば、今般のように、〝狭義の皇太子〟を欠く場合に、「皇太弟」もしくは「皇太孫」の〝身位〟に立つ皇族を特定しないことは、憲法第二条に重大に違反することになる。具体的に言えば、秋篠宮殿下を「皇嗣殿下」として、「皇太弟殿下」の身位を附与していない「２０１７年、退位特例法」は、憲法第二条を蹂躙《じゅうりん》するもので、重大な憲法違反なのは、このように明らかであろう。要するに、「皇太弟」を禁止的に排除した「２０１７年、退位特例法」は、深刻な憲法違反を犯した、瑕疵どころではない悪法のトンデモ法律。即時に廃止する以外に、当該法律を是正する方法は存在しない。

第五章

正語〝譲位〟を殺し、天皇陛下を「処分する」意の〝狂語〟「生前退位」

目を何度も疑った衝撃的なテロップ（字幕）が流れるニュースがNHKから流れたのは、２０１６年7月13日午後7時の「NHKニュース7」。この字幕は極度に大きな字で、「天皇陛下《生前退位》の意向示される」であった。

他意・犯意が満載の極左革命語の、キナ臭さを強く漂わせる珍奇な言葉「生前退位」は、善意に解すれば〝譲位〟ともとれる。が、この異常な新奇語スローガンの問題より、〝譲位〟という、二百年前（１８１７年3月）の光格天皇以来の大事件で、「現・皇室典範が明文で禁じる皇位継承方式をご意向」そのことに驚き、〝誤報ではないか〟〝誤報なら、これほど重大な不敬事件はない〟と頭が真っ白になった。正語〝譲位〟殺し（logocide）の〝凶悪な犯罪語〟「生前退位」の問題は、しばらく脇に置くしかないと思った。

ありていに言えば、今上陛下が本当に〝ご譲位〟される場合、それを機に一気に**天皇制廃止の仕掛け**が創られるのは必定。１９４６年のGHQの《民主化》命令に便乗し、日本側が決行した反天皇・反皇室のトンデモ制度づくりが再燃するぞと、最悪事態の諸問題ばかりに頭をよぎり、天皇制廃止を含意する**〝不敬の共産革命語〟「生前退位」**に怒っている余裕などなかった。

ただ、7月13日から三ヶ月後の２０１６年10月20日、〝不敬の共産革命語〟「生前退位」に対して、皇后陛下が前例のない「談話」公表というスタイルで**懿旨**《いし》（備考1）を政府と国民にアッピールされた、真っ正面からのご抗議事件だけは、気になって仕方が無かった。縁起の悪い忌むべき言葉「生前」（備考2）と（宮澤俊義以来、日本の憲法学界で通念となった）ルイ十六世のギロチン送りのための革命憲法用語「退位」とを組み合わせた〝血塗られた不敬語〟「生前退位」を造語するとは、天皇殺し・皇族殺しを含む皇室を憎悪する超過激な共産主義イデオロギーの持主以外には決してできない。

（備考1）天皇陛下の「聖旨」に相当する、皇后陛下の〝お考え〟を「懿旨《いし》」という。

（備考2）「生前葬」「生前贈与」「生前予約（＝死後に必要となる墓石や葬儀について石屋や葬儀社と費用その他を予約する事）」等、「生前」は、死が近いと当該本人が自覚した時に「まだ生きている間に…」の意味が濃厚な言葉。

また、このような**共産革命語を造語してまでの偽情報宣伝**が、例外一つなく、全てのテレビ・新聞で、軍隊の行進のように一糸乱れず完全同時に遂行された、最高度の言葉統制・言論統制は、余りに異様で異常。天皇制廃止を狂信する某巨大政治カルト教団が全国のマスメディア各社内に蜘蛛の巣のように張り巡らした細胞に号砲一発で命令し一斉蜂起させせない限り、万が一にも不可能。

〃狂語〃「生前退位」への皇后陛下ご抗議に、「ふん」と唾を吐きつけ、足蹴した安倍晋三

皇后陛下は、２０１６年10月20日の82歳の御誕生日に当たり、異例の「談話」（＝「懿旨」）をご発表になられた。前日に新聞・テレビ各社に宮内庁が配布したので、全紙が同日付けでこれを掲載した。皇后陛下は、こうお述べになられた。

「ただ、新聞の一面に《生前退位》という大きな活字を見た時の衝撃は大きなものでした。それまで私は、歴史の書物の中でもこうした表現に接したことが一度もなかったので、一瞬、驚きと共に痛みを覚えたのかも知れません。私の感じ過ぎであったかもし知れません」。

（備考3）このご抗議は、英文で読むと尋常でないのが、もっと鮮明になる。注1に宮内庁訳を掲載。

〃悪魔語〃「生前退位」を突き付けられ、相当な精神的ショックをお受けになられたのは皇后陛下だけではなく、今上陛下であろうことは言うまでもないこと。この故に、

今上陛下の代理として皇后陛下は、「陛下が実際に発せられた通りの言葉〝譲位〟に直してあげて！」と、ご悲鳴を上げられたのである。問題の核心は、この懿旨（＝御抗議）に対し、首相の安倍晋三がどう対応したかになる。

だが、父親譲りの冷酷さと残忍性（備考4）が人格の基底にある安倍晋三は、「皇后の抗議・要望なんか、**無視してしまえ**」と菅義偉（内閣官房長官）と山本信一郎（宮内庁長官）に命じた。〝天皇制廃止の凶悪共産党員コンビ〟菅義偉／山本信一郎が、安倍首相に「無視すればいいのですよ」とアドヴァイスした結果だが、最終決定権者は安倍晋三だから、安倍晋三の命令となる。

（備考4）安倍晋三の父・安倍晋太郎は、強度のスターリン崇拝者で、１９８４年のエチオピア〝農村婦女子１５０万人餓死処刑〟に際し、「もっと殺せ！　殺せ！」と狂喜したように、大量殺人快楽症の異常人格者（凶悪サイコパス）だった。

安倍晋三とは、テレビカメラが入っていないと、天皇・皇室・皇族に対する態度は傲慢不遜の限り。レーニンやスターリンを気取る、その正体はまさに正真正銘のゴロツキ。マスコミの前で見せる皇室尊崇の態度・言葉遣いは、すべて演技。まさに〝フェイク皇室尊崇〟が売りのヤクザが、安倍晋三の本性。コンドリーザ・ライス国務長官がかつて安倍晋三を〝ナラズ者 rogue〟と嫌悪感あらわにして、口もきかなかったが、そのようなヤクザ性が安倍晋三の真の正体である。

しかも、皇后陛下がご誕生日に発表された上記「談話」は異例。とすれば、その主眼が天皇陛下に対して侮蔑と嘲笑を投げつける、縁起の悪い不吉語「生前」も、天皇処刑を含意する〝赤い悪魔語〟「退位」も、双方とも抹消して欲しい、正しく〝譲位〟に糺《ただ》して欲しいと、政府と国民に対するアピールなされたことは明らか。ならばなおのこと、この**皇后陛下の懿旨は、政府が謹んで絶対にお承《う》けすべき事柄**。

だが安倍晋三は、これを鼻から無視した。皇后陛下の悲痛なご要望（＝懿旨）に唾を吐きかけ足蹴にした。これをもって、〝前代未聞の大不敬事件〟と言わずして、何を不敬事件といえるだろうか。安倍晋三は何故、この大不敬の蛮行を躊躇うことなく断行しえたのか。**〝天皇には譲位をさせない＝皇太子に受禅させせない〟**が、天皇制廃止を狂信する〝凶悪コミュニスト二代目〟安倍晋太郎を継ぐ、〝20％民族主義の仮面を被る、80％共産主義者〟安倍晋三の確固たる信条だからである。

〝譲位〟殺しの共産党革命語「生前退位」は、本当にＮＨＫ記者（橋口和人）の造語か

〝悪魔の四文字〟「生前退位」は、２０１６年7月13日以降、日本のマスメディア界を絶対君主のごとく完全に席捲し君臨した。新聞テレビがなした犯罪は、確信犯の犯意をもって**〝悪魔の四文字〟「生前退位」を徹底流布した**だけではない。実際には、天皇・皇族あるいは政府高官等は、二文字の〝譲位〟や二文字の〝退位〟を発していた。だのに、新聞テレビは一紙一局の例外なく、これを四文字の「生前退位」を口にしたと、平然と改竄をなし、この虚偽を足並み揃えて報道した。事実の「発した言葉」を、かくも一糸乱れず〝改竄〟するのは極めて重大な言論統制の犯罪報道。二つの事例を紹介する。

例1。天皇陛下のお言葉は〝譲位〟と発せられている。これを日本の新聞は、全紙が談合し口裏を合わせ、「生前退位」と報道した。代表として、２０１６年10月20日付け『読売新聞』の記事。

一面トップの大見出しに「《生前退位》事前に相談　陛下　皇太子・秋篠宮様と」とある。だが、今上陛下はこのとき二人の皇子と、「生前退位」をご相談などなさっておられない。あくまでも正語〝譲位〟をハッキリ用いられて、**ご三名の間で〝譲位について〟ご議論**なされた。

また、今上陛下は、２０１０年7月22日、宮内庁長官の羽毛田信吾や前・侍従長の渡邉允《わたなべまこと》もいる参与会議（参与は通常三〜五名）で〝ご譲位〟のご意向を初めてお漏らされた。ここでもハッキリ正語〝譲位〟でお述べになられておられ、共産党語「退位」など決して口にされておられない。同席した参与の三谷太一郎（日本政治史が専門の東大法学部教授、岡義武の弟子、教条的な共産党員）もそう証言している（『産経新聞』２０１６年10月18日付け）。なお、羽毛田信吾も渡邉允も、稀代のコミュニスト。

例２。安倍晋三と菅義偉の両名は、２０１６年7月以降の、記者の質問等には「ご退位」と口にし、「生前退位」という四文字を使用していない。つまり両名は、陛下が発せられた正語〝譲位〟の方については天皇制廃止語「退位」に改竄したが、不吉な侮蔑語「生前」の方は初めから使用していない。だが、例えば産経新聞は、安倍や菅が「生前退位」を口にしたかのように報道した。例として、２０１６年10月20日付け『産経新聞』一面の、小見出し「菅長官『通常国会に法案』」の記事をとりあげる。安倍内閣は「退位」という言葉しか用いていないから、産経新聞の記事は、それを次のように「生前退位」と改竄したことになる。

「菅義偉…述べた。…政府が**生前退位**の対応で具体的な日程に言及したのは初めて。…**生前退位**をめぐっては、安倍晋三首相の私的諮問機関が…」。

この問題、いったんここで中断。「生前退位」という、日本語としても異様すぎ、一般的には発想不可能な言葉を、誰が何故に造語したのか、という問題に話を進めよう。衆知に従えば、ＮＨＫ記者・橋口和人が造語の犯人だとされている。確かに、表向きは橋口和人か、彼のＮＨＫ上司である。ＮＨＫの橋口は今上陛下のご譲位スクープで「２０１６年度新聞協会賞」を受賞した（注２）。が、スクープで受賞したのだろうか、それとも共産党語「生前退位」を広く流布せしめた、〝正語「譲位」殺し〟の功績で受賞したのだろうか。後者だろう。一般社団法人の日本新聞協会は、共産党が直轄する機関である。

つまり、橋口和人とその上司が「ＮＨＫニュース７」で悪魔語「生前退位」を流した、表向き犯人なのは事実。が、この言葉の造語は別人・別機関だったと考える方が真実だろう。何故なら、宮内庁からリークしてもらった２０１６年2月上旬から放送した7月13日までの半年間、橋口は、上司のほか少なくとも数人とは何度も何度も相談したはず。橋口本人か、その中の一人が某巨大政治カルト教団に持ち込み、この（国語力がある、東大法学部卒の弁護士が沢山いる）某巨大政治カルト教団が共産党語「生前退位」を造語し橋口和人の頭に注入した可能性は現実的に高い。橋口和人は、国語力が極度に劣悪で造語などできない。また、順序の事実は逆かも知れない。リーク源の山本信一郎が、「生前退位」で放送せよと命じた可能性の方も極めて高いからだ。

「譲位」「受禅」の二正語を、法的にも儀式でも完全抹殺した〝天皇制廃止狂〟安倍晋三

さて、安倍晋三が菅義偉と山本信一郎と三人四脚で、いやこれに内閣法制局長官の横畠裕介を加えた〝徳仁《新天皇》陛下をラスト・エンペラーにする四人組〟が、2016年7月13日から無人の荒野を暴走する如く、「四・三〇」儀式を今上陛下に〝廃帝！〟と宣告する人民法廷にせんと、白昼公然にそれを進めてきた。それを時系列にした表1は、この〝人民法廷づくりの革命アジェンダ〟を示唆していよう。

日本国民のほぼ全員の誰もが知っている（平安時代から一千年続く）正語〝譲位〟を断固排除して、〝譲位〟を禁止すると定めた「退位」特例法を制定した後、続いて、上記の四人組は、全く不必要な「4月30日」儀式を設けた。が、日本国民は、この「4月30日」儀式が恐ろしい光景になる事など夢にも想像していない。共産革命は、気付いた時はすでに遅し、が常。

表１；譲位・受禅を法的に禁止し儀式上も完全抹殺した、天皇制廃止に走る安倍晋三の“大犯罪”

「譲位させない」を絶対方針とする安倍晋三	左記に関する若干の説明
2016年７月13日、社会部の宮内庁詰めNHK記者・橋口和人が、「陛下は生前退位のご意向」と特報。同年２月上旬、“陛下はご**譲位の**ご意向”を橋口和人にリークしたのは、同じ共産党員の山本信一郎・宮内庁長官だろう。	「死」を含意する“生前”とギロチン処刑（天皇制廃止）を意味する“退位”を組み合わせた新・共産党語は、**今上陛下が実際に使われたお言葉“譲位”**を抹殺すべくNHKが捏造。陛下は、呪語「生前」や凶語「退位」のご使用されたことは一度もない。
（2016年８月８日、今上陛下の“譲位”御諚） 安倍晋三は宮内庁からのビデオを事前に視聴し、正語「譲位」「受禅」の抹殺を了とした。	陛下のテレビ御諚は、山本信一郎が陛下のご意向を徹頭徹尾に蔑ろにし、文案の何もかも検閲し、「譲位」「受禅」の正語を抹殺・排除した。
2017年５月13日に発表した、安倍晋三の**「退位」特例法**は、一ヶ月未満の６月９日に成立。	「退位」特例法は第一条で、（タイトルと一致する）**譲位の禁止**と**受禅の禁止**と**皇太弟の禁止**を明文化。
安倍晋三は皇室会議（2017年12月１日）を悪用し、譲位・受禅なら「５月１日」だけで済むのに、それを阻むべく、不要な「４月30日」をわざわざ設定した。	譲位・受禅は同日・同時刻であるはずだから、「退位」日と称する奇々怪々で全く不要な「４月30日」を設けた理由が「譲位儀式をさせないため」であるのを、国民は見抜けなかった
2018年２月20日、菅義偉が独裁した会議は、**「譲位」を禁止し、天皇陛下を“政府の下僕”に扱い、その「老年退職」を、「退位」**式と定義。	「退位」を「４月30日」に分離した理由は、（奇怪な名称「退位式典」で）譲位禁止以上の**“廃帝”宣告の人民法廷**づくりだったことが、この時初めて判明。

〝譲位〟禁止の「退位」特例法を、逆さに「譲位特例法」だと真赤な嘘を流した産経新聞

〝譲位を禁止する／受禅を禁止する〟と定めた、反・天皇制度かつ反・皇位継承の、悪法をきわめる「退位」特例法が、２０１７年６月に成立するに当り、北朝鮮人たちが編集を牛耳る天皇制廃止狂の〝民族系偽装〟産経新聞の報道は突出して異常を極めた。産経新聞は、〝狡猾さ日本一の悪新聞〟らしく、**譲位禁止を定めた「退位」特例法**を何と逆立ちさせて、「譲位特例法」だと真赤な嘘ラベル報道に全力を挙げたからだ。

産経新聞はまた、菅義偉と御厨貴の共産党員コンビが独裁的に運営した「天皇の公務の負担軽減等に関する有識者会議」についても、「〝譲位〟有識者会議」だと、事実を転倒させた真赤な嘘キャンペーンをなした。「天皇の公務の負担軽減等に関する有識者会議」の「天皇の公務の負担軽減」の真の意味は、**〝天皇在位に定年（老年）退職制度を導入する〟**だった。それは**天皇を国家公務員と同一視する、**を絶対前提にしたものであった。

内閣官房や内閣法制局の公式見解は、**「〝天皇は国民の下僕〟**であるから、よく働いたらご褒美として老年退職を認めてあげよう」である。有識者会議のタイトル「天皇の公務の負担軽減」は、これを多少オブラートに包んだ表現。ところが産経新聞は、この事実を知っていて、「天皇の譲位を絶対に認めないぞ！」「天皇を定年退職させるぞ！」の、反・天皇制度づくりに腐心していた「有識者会議」に、真赤な嘘ラベル「〝譲位〟有識者会議」を貼り、「有識者会議」の本当の目的と正体を隠蔽してあげた。

産経新聞が、これほど〝悪辣な嘘、嘘、嘘〟を意図的に流し続けたのは、産経新聞の購読者である神社本庁と日本会議が〝「退位」特例法の言葉「退位」は何か変だ〟〝天皇制廃止のニュアンスが濃い左翼革命用語のようだ〟〝「譲位」に正しく直すべきだ〟と覚醒して、日頃親しい安倍晋三に猛運動を起こさないよう、「退位」は「譲位」と同義ですよと騙すのが目的。神社本庁と日本会議を封殺的に無力化する（馬鹿アホ化する）、つまり安倍晋三による共産革命が整然と遂行されていく事態を全く見えなくする（完全盲目化する）のが、〝極左「反日」新聞〟産経新聞の、新聞発行の筆頭目的である。

神社本庁や日本会議は、ほとんど無学無教養な知的最下層の人々しかおらず、ために北朝鮮人たちが人事権を掌握する〝民族系偽装〟の産経新聞が強烈な天皇制廃止を社是としている事実すら見抜けない。２００４〜６年、社長の住田良能《すみだながよし》（北朝鮮人）が天皇制廃止に直結する女性天皇・女系天皇の制度づくりに「万歳！」と歓喜の声を上げ共産党とチークダンスを踊り狂っていたように、産経新聞とはそのような極左「反日」が正体の赤黒《あかぐろ》（アナ・ボル）新聞。が、こんな事実すら、蒙昧な神社本庁や日本会議は、無知。

だから、神社本庁や日本会議は、嘘っぽさバレバレのお粗末詭弁にすぎない、『産経新聞』２０１６年10月28日付け校閲部長名の釈明の嘘すら見抜けない。それは、〝悪魔語〟「生前退位」の流布宣伝は某巨大政治カルト教団からの命令でしたが、再命令があり、「生前」の二文字の使用ができなくなりましたとの読者への通告。しかし、「代りに、新しい真赤な嘘・捏造の報道をします」の、〝報道犯罪は続行する〟旨の宣言文になっていた。

この記事のタイトルは、驚き呆れる。「産経新聞は今後、**生前退位**ではなく、**譲位**とします」の意味だからだ。これでは「産経は、〝虚報〟報道が絶対社是の新聞です」と自白したに等しい。報道の使命と責任は、報道対象となった発言を事実のまま記事にして、決して改竄しないこと。が、産経新聞は「これまでは報道する発言の言葉すべてを《生前退位》に改竄してきたが、これからはどんな発言でも《譲位》に改竄する」と、**改竄を産経は止めない**と校閲部長名であっけらかんと宣言したのである。

具体的には、共産党語「生前退位」は、今上陛下に対する中傷が露骨すぎ、正語〝譲位〟を忘却させる洗脳にとって逆効果なので、安倍内閣が進める〝譲位禁止の「退位」〟を180度逆に逆立ちさせ、**「譲位禁止は、譲位である」**と、転倒語法という真赤な嘘の極地をもって、これからも徹底的に嘘報道を続けます、と校閲《こうえつ》部長は開き直った。「今上天皇を定年退職させる」「廃帝！　と宣告する」〝大不敬の皇位継承つぶし〟を、逆さにも「譲位」だと真赤な嘘ラベルを貼ります、と校閲部長は盗人猛々しく宣言したのである。これが、〝悪魔の赤黒新聞〟である産経新聞の正体。

今上陛下がお使いになられた実際の語彙は〝譲位〟。安倍晋三や菅義偉は、今上天皇の実際のお言葉〝譲位〟を改竄し、共産党語「退位」にすり替えていた。共産革命の某巨大政治カルト教団と常に密接な協議を怠らない**赤黒さ百%の産経新聞の校閲部長**（時田昌）の、その恐ろしい嘘と詭弁を二つ例示しておく。

A、「《生前退位》は、用語として広まったのは…」。

2016年7月14日をもって全紙が一斉に、共産革命語「生前退位」を（軍隊の行進のごとく）用い流し、正語〝譲位〟を瞬殺的に完全抹殺した。この事態を

「〝奇語〟生前退位は、次第に自然的に広まった」とうそぶくのが、産経新聞。

B、「《生前退位》は過渡的な役割を終え、《譲位》こそ今後の説明に適した言葉だと考えます」。

皇位継承は、「崩御→践祚」か「譲位→受禅」の二種類しかない。つまり〝譲位〟は、説明用の言葉ではない。皇位の代替わり方式を表現する〝法（法律）〟的語彙である。今上陛下は、後者の方式「皇太子に譲位したい」と御諚《ごじょう》されたのだから、この通りに報道するのが正常な新聞社であろう。

安倍内閣は、公然と今上陛下に叛旗を翻し、「譲位を絶対にさせない」「退位という名の〝廃帝〟処理をする」という方針に転じた。これに対し、この「安倍内閣を支持するか、支持しないか」の態度を闡明するのが、報道機関として産経新聞の社会的責任。

だのに、「《譲位》こそ今後の説明に適した言葉だと考えます」とは、安倍内閣が秘かに進める〝**反・天皇**革命〟「譲位を絶対にさせない」「退位という名で〝廃帝〟処理をする」への隠蔽工作協力ではないか。これこそは、それらに〝譲位〟だと逆立ち嘘ラベルを貼ってあげ、〝《譲位》つぶし〟と〝今上陛下への《廃帝》宣告〟が円滑に遂行されるべく、天皇制廃止革命の一翼を担う最凶詭弁ではないか。

事実「遊漁船が潜水艦《なだしお》に衝突」を逆さにした、新聞テレビ報道と、手口が同一

1988年7月23日、大型遊漁船（釣り船、船名「第一富士丸」）が、賠償金欲しさに意図的に衝突した可能性も高い異様な左旋回をして、すでに右旋回で回避動作をとっていた海自の潜水艦「なだしお」に衝突した。遊漁船の乗客が三十名も死んだ原因の第一は、その船の改造後構造に大欠陥があり、一分以内の瞬時に、沈没したからである（三十名中二十八名は船外に脱出できず船内で死亡）。第二の原因は、第一富士丸の船長が、自分たち三名（船長、機関長、船員）だけ大型ゴムボートに飛び移り、一切救助しなかったからだ。

潜水艦は排水量三千トンもあるため、衝突後に後進エンジンを止めたが、慣性で二百メートル以上も衝突地点より離れていた。海上に投げ出された幸運な乗客等の十五名は近くにいたヨットと第三松和丸（小型タンカー）にすぐに救助されていた。潜水艦が現場に戻ってからの救助三名は物理的に三名しか潜水艦の近くには浮かんでいなか

ったからで、救助率は百％。一方、大型ゴムボートに乗っているのに、第一富士丸の船長による救助者はゼロ名で、救助率ゼロ％だった。

だが、衝突事故の詳細がまだ全く不明な（沈没二日後の）7月25日、この日付けで『毎日新聞』夕刊は、「助けて！　の叫び黙殺」「何人も沈んでいった」との大見出しで潜水艦が救助しなかったと真赤な嘘報道をした。この証言をしたのは、遊漁船に売春目的で乗船していた高島喜子（19歳）で、毎日新聞記者から十万円を貰い、偽証したのである。高島喜子が海に浮かんでいる時、潜水艦は近づいてきていたが、まだ百メートルほど離れていた。潜水艦側には高島喜子の声は聞こえないし、その姿も見えない。しかも高島喜子は、第三松和丸に救助されており、海上には浮かんでいなかった。

問題は、新聞テレビの大規模で異様なデッチアゲ報道である。この毎日新聞の記事を号砲に、全紙が一斉に同じ嘘内容を大キャンペーンしたからだ。翌朝7月26日付け『朝日新聞』は「救助遅れた潜水艦に怒り」「《助けて》叫んだのに　艦員何もしなかった」である。産経新聞も、日頃の〝厚化粧演技〟「自衛隊シンパ」（備考）などどこ吹く風と、極左「反日」新聞の正体を露わに、「（潜水艦の自衛官）十数人見ているだけ…」（7月26日付け）「救助せぬ理由を聞き腹が立つ。自衛隊が百％悪い」（7月31日付け）…と、朝日新聞と何ら遜色のない嘘報道をした（注3）。

（備考）日頃、産経新聞は、自衛隊を熱烈に支持しているかの記事を書き、多くの自衛官と昵懇である。自衛隊のさまざまな情報をモスクワのＫＧＢ第一総局（ＳＶＲ）に通報するためである。産経新聞社の記者と付き合っている自衛官はすべて懲戒処分に付す必要がある。産経新聞は丸ごとＳＶＲの管轄下にある。

遊漁船が潜水艦「なだしお」に衝突した事故で、全ての新聞テレビが一糸乱れず一斉に「潜水艦側は救助しなかった」と、真赤な嘘報道をしたこと、前述のＮＨＫ報道「生前退位」を合図に、翌日２０１６年7月14日から、全ての新聞テレビが、「今上陛下の**譲位したい**」を**「生前退位したい」**に改竄して報道した捏造報道事件とは、余りに完全一致し過ぎることに、本書の読者はもう気付かれたことだろう。

天皇および皇族は、長官はじめ宮内庁職員と口をきいてはなりませぬ

２０１０年7月22日夜、今上陛下は、三名の参与（三谷太一郎ら）、宮内長官・羽毛田信吾、侍従長・川島裕《ゆたか》、元侍従長・渡邉允の六名を相手に、「近い将来、**譲位**ということを考えたい」と、〝譲位〟をご相談なされた。この話を、２０１６年10月に知った時、私は愕然として（15分ほど）体が硬直してしまった。

燦然《さんぜん》と二千年間も輝き続けた世界最高の由緒正しき天皇制度がついにここまで零落したか、と。これは、天皇をして砂漠か荒野で彷徨《さまよ》われる落ち武者（備考）か何かに貶めている状態。それなのに、国民誰一人として、この事態を憂慮しないし憤慨もしない。私は、公憤が今も収まらない。

（備考）名門出の落ち武者は、永年仕えた家来を一人残らず失い、荒野で偶然に出会った野盗六名を臨時従者にした。が、素姓定かでないこの六名に襲われ、残っていた最後の財産すべても奪われ丸裸にされてしまった、このような光景をイメージされたい。

天皇・皇室が伝統ある家柄の忠臣群に囲まれておられなければ、天皇制度の生命は、永らえることはできない。具体的には、〝皇室の藩屏〟堂上公家（平均一千年以上続く家柄、最低でも数十家）に囲まれること。次に、十を超える宮家皇族の皇親群に囲まれること。さらに、宮家皇族以外の皇室親族（たとえば黒田清子様ほか）に囲まれていなくてはならない。現に、譲位問題は、上級公卿の堂上公家に相談すべきが筋の、皇室の一大事である。が、そのような「上級公卿の堂上公家」は、制度が破壊し尽くされ存在しない上に、実態上でも存在しない。戦後、天皇制度を守るべく、堂上公家制度の復活に動いた国会議員は一人もいない。

現実には、この２０１０年７月22日のように、皇統や皇室制度について完全に無知蒙昧な上に、譲位・受禅など有職故実《ゆうそくこじつ》に白痴以下の素人官僚や素人政治学者に、天皇陛下御自身がご相談されるという異常な光景は、我が日本国の天皇制度に絶対にあってはならない一大事件である。しかも、下劣・下等な人格が顔に滲《にじ》む羽毛田信吾は京大時代から民青の共産党員、育ちがいい渡邉允も朝日新聞お気に入りの天皇制廃止が信条の極左人士、三谷太一郎は東大時代から民青の怖い共産党活動家。

　昭和天皇のごとくに、天皇や皇室は、こんな札付き革命家たちと断固闘い排除すべきに、あろうことか逆にも、〝譲位〟という連綿すべき皇統の枢要を相談せざるを得ない情況とは、皇室制度が実態的に自壊し、自然消滅の過程にあることを如実に示している。戦後、佐藤達夫ら赤い内閣法制局と宮澤俊義ら赤い東大法学部教授たちが、ＧＨＱの民主化に便乗して、ＧＨＱの方が吃驚《きっきょう》した、〝皇室の藩屏《はんぺい》〟公家をゼロにするトンデモ制度に改悪した。前述の２０１０年７月、ついにその成果がほぼ99%成就したことになる。現に、羽毛田（および直系後任の山本信一郎）や渡邉允らは、２０１０年７月以来、数年に亘り、今上陛下の〝譲位ご意向〟を悪用し、**譲位を禁じて〝廃帝〟宣告の人民法廷**に摩り替える算段と謀議に、脳細胞のすべてを集中してきた。今日の日本では、これほど白昼公然の共産革命が可能となった。

　堂上公家を制度的に復活させ、まずは、侍従長と侍従次長のポストは堂上公家出身者に限るようにしなければならない。次に、天皇・皇室は、決して宮内庁官僚と直接接触をしないようにして、両者の間は江戸時代の〝武家伝奏（二名）〟と同じ、二名の**〝官庁伝奏〟**という役職が取り次ぐ制度を復活させねばならない。むろん、この官庁伝奏も堂上公家しかなれない制度とする。

一言で申せば、畏れ多いことですが今上天皇と新天皇におかれては、スローガン「皇室の周りは、旧皇族、公家、皇親（皇族でない皇室の親族）で固めよ」こそ、ご拳々服膺されるべき、最終局面にお立ちにございます。

本書の読者は、もし皇統護持に僅かでも貢献せんとの精神があるなら、拙著『徳仁新天皇陛下は、最後の天皇』第三章第二節を再度熟読して頂きたい。

世界的歴史家の碩学《せきがく》ブルクハルトは、「国家の存続は、一にイデオロギー、二に軍事力を含む国防政策に左右される」と、われわれに国家存続の困難性を警告してくれている。この箴言《しんげん》を日本版に修正すれば、「日本国の存続は、一にバーク保守主義（＝反共）に立脚すること、二にクローデル流の皇統護持を国家存続に織り込むこと、三に精強な軍事力の国防態勢に全力をあげること、にかかっている」となろう。皇統護持にあらん限りの政策を遂行するに労を惜しんではならない。皇統護持なくして、日本国の存立はありえない。

注

1、It came as a **shock** to me, however, to see the words SEIZEN-TAII (in Japanese, literally, abdicate while living) printed in such big letters on the front pages of the papers. It could have been because until then I had never come across this expression even in history books that, along with **surprise**, I briefly experienced **pain** upon seeing those words.

2、『新聞研究』２０１６年10月号、10〜13頁に、橋口和人の低級下劣な受賞自慢話が掲載されている。小学生に紛う極度に低レベルの文章から、橋口和人の国語力や文章教養が透けて見える。橋口和人には、「生前退位」を造語できる能力は皆無。

なお、〝産経新聞の飛び抜けた悪〟時田昌・校閲部長は、上記の署名記事で、スーパー創り話「橋口和人は、三十二年前の１９８４年の参議院内閣委員会での質問で使用された言葉を転用したので、橋口の造語でない」と、嘘八百をうそぶく。橋口もＮＨＫも、語彙「生前退位」について、そんな釈明は一言も言っていない。時田昌は、何でもかんでも真赤な嘘デタラメを捏造した記事を創作して垂れ流す。まさに、〝嘘つきのゴロツキ記者が九割〟を占める産経新聞記者の典型か。

3、原正壽『マスコミ煽動　潜水艦なだしお事故の歪められた真実』、全貌社。『週刊新潮』1988年10月13日号。真神博「どこも書かなかった衝突現場15分間の新事実」『文芸春秋』1988年10月号ほか。

（附記）策に溺れて失敗した私の自省メモ

「退位」という言葉は、スターリン／ベリヤに直属する〝ソ連工作員〟近衛文麿が、戦後すぐの1945年10月、**昭和天皇を東京裁判に訴追させ絞首刑に追い込む目的**で「退位のススメ」を新聞に発表したことによって、一般日本人が初めて目にした吃驚仰天の共産革命語。王制主義の米国は在位中の天皇を訴追することは決してしないが、平民となった元・天皇なら訴追する可能性が高かった。多少の学があり、天性の情報通だった近衛文麿は、このことを百も承知。

また、政府部内と学界に共産語「退位」が初めて登場し同時に広まったのは、内閣法制局が主宰した、1946年7月に設置の「臨時法制調査会」で、宮澤俊義たちが頻繁に使用したからである。宮澤俊義はフランス革命の信奉者で、ルイ十六世をギロチン送りにしたフランス1791年9月革命憲法を、新皇室典範の基軸にせんとし「退位」条項の条文化に拘った。近衛文麿も宮澤俊義も昭和天皇処刑論であり、〝天皇処刑のための退位〟を推進した。以上は、拙著『徳仁《新天皇》陛下は、最後の天皇』第六章を参照のこと。

2017年の「退位」特例法の「退位」は、この宮澤俊義の狂気の学説を後継したもので、血生臭い〝天皇殺し〟が基調にある。ギロチン処刑に直行したルイ十六世の「退位」や、銃殺を招いたニコライII世の「退位」を理念とする「退位」である。私が、2016年7月13日のNHK「生前退位」ニュースに、すぐさま天皇制廃止語「退位」を正しく〝譲位〟に糺《ただ》さねばと一大決意したのは、日本の憲法学界における用語「退位」の、このような血塗られた用法に精通していたからである。

が、私の迂闊《うかつ》さは、安倍晋三や菅義偉が、新聞テレビと同じくトンデモ四文字「生前退位」を実際に使用していると、改竄報道を鵜呑みにしたこと。この誤解に基づき、安倍晋三に照準を合わせ、安倍の不敬語「生前退位」を〝譲位〟に是正させるにはどうするかを、安倍の思考回路から二段階方式をとる事にした。第一段階は、「生前退位」をいったん「生前譲位」に半分是正する。安倍が「生前譲位」に自己改善したら、第二段階として「譲位」に是正する。「生前退位→生前譲位→譲位」の二段階方法。

安倍晋三が天皇処刑や天皇制廃止を含意する革命語「退位」に、これほど固執《こしゅう》するとは、想像できなかった。２０１７年６月に成立した皇室典範増補「特例法」のタイトルは、〝譲位〟特例法ではなく、「退位」特例法だった。私の安倍晋三に関する思想解剖は、甘すぎた。安倍晋三とは、秘めているが、本心は〝百％の天皇制廃止〟の凶悪な極左人士だと、初めから喝破すべきだった。

すなわち、初めから《「生前」は絶対ダメ！「退位」はもっと絶対ダメ！》を、正語主義（正名論）に則《のっと》り、真正面から主張すべきだった。姑息《こそく》にも「生前譲位」などという中間段階の言葉などつくるべきではなかった。特に、皇后陛下の懿旨《いし》を慮《おもんばか》れば、最初から正名論こそ曲げてはならない原理原則だった。皇后陛下への国民の忠誠義務においても、これ以外の選択肢（策を弄した二段階作戦）をなしたことに、忸怩《じくじ》たらざるを得ない。

第六章

譲位・受禅《皇位継承法》を破壊尽した安倍晋三の憲法大改竄

1607年、エドワード・コーク卿が国王ジェームスI世に諫奏するに、ブラクトンの法諺《ほうげん》を持ちだしたエピソードは名高い。この法諺とは、裁判官ヘンリー・ブラクトン著『イングランドの法と慣習』（1235〜60年の間で正確な完成年は不明、上司の裁判官Raleighの作業を引き継いだ）にある、「Quod Rex non debet esse sub homine, sed sub Deo et sub Lege」である。訳せば、「国王であるが故に何人にも服してならないが、神の下と〝法〟の下にあるべきである」（注1）。

ブラクトンのこの法諺は、特に1990年頃から恣意的立法に暴走する日本の国会が、もう一度自らの立法を自ら規制すべく自戒をもって厳守すべき絶対鉄則。皇室の弥栄《いやさか》が国家存続の基盤条件である日本国の生命源を救済するため、ブラクトンが日本国に遺した〝生きている法諺〟である。

「国王は立法と裁判の大権をもつ」からと、国王の恣意への阿諛《あゆ》が横行する王権神授説の幕開け時代に抗して、裁判は国王が裁くのではなく〝法〟が裁くのであり、勅令による立法もまた〝法〟に規制・制限されると、コーク卿は国王に直接「国王の大権は法の支配の下にあるLaws rule the King」と諫奏した。このコーク諫奏《かんそう》はこのまま、立法の全能大権を持つと錯覚し、〝国会の立法大権は無限〟主義に胡坐《あぐら》する、白痴化した日本の衆議院・参議院国会議員への警告「国会は〝法の支配〟に従え！」になる。

〝法〟とは、ハイエク的に「普遍的な一般規則」と解してもいいが、ブラクトン／コーク的には〝真理が証明済みの時効の慣習法〟と言い換えられるだろう。

衆議院・参議院の国会議員は〝法〟に支配されていることを自覚すべきで、〝法〟に違背する立法を行ってはならないとの自戒を片時も忘れるべきではない。すなわち日本の国会議員全員は、ブラクトン法諺を拳々服膺し、**「立法は、〝法〟の下で、**すなわち**〝法〟に違わない範囲内でしか、してはならない」**の立法の大原則を絶対遵守する正しい立法者に生まれ変わらねばならない。

しかし、安倍晋三を始め、日本の国会議員は、極度に無学・無教養の輩ばかり。今や全員が国政を担う意識も能力もゼロとなり、〝選挙屋〟に成り下がった。仮にも、彼等が立法規範〝法の支配〟に準拠できるようにするには、まずもって、〝法〟や〝法の支配〟について白痴とかわらぬ今の無知状態から脱出してもらうほかない。

東大法学部教授を始め、日本の憲法学者や法哲学者は、一人の例外もなく、〝法の支配〟を理解できない。その上、共産主義者や朝鮮人の教授が跋扈《ばっこ》する日本の文系学界の異常もまた、日本の国会議員が**「〝法〟＞明文憲法＞法律」という上下関係の序列**を認識できない知的不能に陥れた。

小学生五年生から中学一年生が知っておくべき常識「〝法〟＞明文憲法＞法律」は、

日本全土のどこにも、淡い一筋の煙すら見当たない。ジャコバン党のロベスピーエルやその後継者レーニンから脳内レイプされ、異常なカルト宗教的狂信に浸る日本の憲法学者がなしてきた、七十年以上も続く極左洗脳教育がいかにひどいものかは、この事実一つで明らかだろう。

第一節　古来からの〝古き良き法《皇位継承法》〟は真理で、憲法に優越せる〝上位の法〟

皇室典範は、単なる皇位継承法ではない。それは二千年間も連続した一二五代にわたる天皇の皇位継承の歴史と伝統に依拠する一般規則だから、〝法の中の法〟で〝最上位の法〟である。故に、いかなる明文憲法も、これに従わなければならない。〝法〟は憲法の上位にある。下位の憲法が、この〝上位の法〟に従うことを〝法の支配〟という。

一二五代にわたる皇位継承は〝法の中の法〟。故に、〝下位の法規〟憲法はこれに従わなければならない

日本国憲法の第九十八条第一項「この憲法は国の最高法規」は、〝明文法規における最高〟と解すべきもので、不文の〝法〟を含んだ場合は、「〝法〟の下位にあるから、最高ではない」。この理由は、1787年に、裁判所の〝対議会〟違憲立法審査権を「発見した」米国のアレグザンダー・ハミルトンが依拠した1610年のコーク卿のボナム医師事件判決からも明かだろう。この判決に従えば、次の解釈が、最も正しい解釈になるからである。

「皇室典範もしくは日本国の〝皇室の家法〟が定める〝皇位継承〟は、最上位の〝法〟。故に、憲法は、大原則〝法の支配〟に従って、皇位継承〝法〟に違背する憲法の規定すべてを無効voidに扱わなくてはならない」。

ハミルトンが「発見」した違憲立法審査権の理論は『ザ・フェデラリスト』七十八

編（注2）にあり、これが連邦最高裁判所の主席判事ジョン・マーシャルの「マーベリー対マディソン事件」判決（1803年2月）で〝憲法条文〟と同等になった。コークのボナム医師事件判決は、『コーク判例集』第八巻（注3）を参照せよ。

なお、当該コークの判決文の一部を次に引用する。判決文の「コモン・ロー」を〝皇室の家法〟「皇位継承の伝統と慣習」に、「国会の法律」を「日本国憲法&その他の法律」に読み替えれば、現在の日本のためにコーク卿が四百年前に下した判決となる。

「コモン・ロー（＝皇位継承〝法〟）は、国会の法律（＝憲法ほか）を規制し、時には、国会の法律を無効 be void と判示する。なぜなら、国会の法律が、コモン・ロー上の権利と条理に違背する時には、もしくは矛盾する時には、もしくは執行不可能な時には、コモン・ローは、そのような国会の法律を規制し、また無効 be void と判示するだろうからである」。

「憲法が認めている」ものすら「認めていない」と改竄解釈をなし、恣意で立法された特例法

このように、「皇室の家法」の〃不文の法〃皇位継承儀式は、憲法より高次の〃上位の法〃だから、今上陛下の〃譲位のご意向〃に基づく伝統的な譲位・受禅の儀式は、憲法を超越しており、憲法から如何なる制限limitationも規制controlも受けない。

が、安倍内閣の〃コミュニスト軍団〃菅義偉や山本信一郎は、伝統的な譲位・受禅の儀式や儲君《ちょくん》の皇太子の身位は「憲法違反の疑いがある」と逆さに騒ぎ、法学に無知無教養な安倍晋三はこれにビクツキ、彼らは一丸となって、〃法の支配〃違背に暴走するどころか、現憲法にすら違反して、「皇室典範の全面大改悪」を強行した。

「皇室典範改悪」の一つに、皇室典範に特例法の根拠規定を置いたことも含まれる。これは、〃法〃である伝統的皇位継承に関わる〃法〃的位置を、〃憲法以下の法律〃に落す暴挙だからだ。

天皇や皇室へのいっさいの尊崇心を持たず、ただ過激な天皇制廃止を目論む〃非・国民のスーパー極左〃菅義偉は、単に「憲法」だと詐称される主権喪失時代の占領条

約＝現憲法を金科玉条にした。いや、それ以上で、無法者のヤクザでもできない、「世襲の皇位」を定める憲法第二条を勝手に「空文」だと決めつけ、現憲法のどこからも演繹できない〝真赤な詭弁〟「天皇の退位と即位は、違憲の疑いが無いように決めなければならない」をデッチ上げて屁理屈にし、譲位・受禅の儀式をばっさり禁止にした。譲位・受禅の儀式を禁止することは、「世襲の皇位」を定める現憲法第二条に露骨かつ重大に違反する。

「退位」などという奇天烈な怪語もそうだ。こんな言葉は、日本二千年間の皇統史にない。天皇の〝譲位〟は皇室典範には定められていないが、〝不文の法〟たる伝統的な皇位継承法にある〝証明済みの時効の慣習法〟である。しかも、憲法第二条は譲位・受禅を〝是〟とし、共産革命語「退位」を〝非〟とする。「退位」は、皇位継承を切断するから、皇位継承の範疇には存在しえず排除される。

すなわち、特例法は〝譲位〟と明記してこそ、憲法第二条に沿う正しい〝合憲〟の立法となる。その逆に、特例法が「退位」と明記したのは、〝不文の法〟たる伝統的な皇位継承法を全否定しぶっ壊したばかりか、憲法第二条に違反する。重大な憲法違反、それが「退位」特例法である。

重ねて言おう。〝憲法冒瀆《ぼうとく》の悪漢〟菅義偉と安倍晋三は、〝真赤な嘘詭弁〟「四・三〇の天皇退位と五・一の新天皇即位は、違憲の疑いが無いようにしなければならない」を屁理屈の旗にした、譲位の禁止と受禅の禁止という、憲法第二条違反を白昼公然と敢行した大犯罪者である。菅義偉が独裁した「式典準備委員会」が、「四・三〇」「五・一」を、譲位と受禅を追放する共産革命一色にしたのは、「4月30日」退位式典を共産党の「コミンテルン32年テーゼ祭り」にしたかったからだ。安倍晋三が、〝悪魔の非国民〟菅義偉を官房長官（皇室問題主務大臣）にした祖国叛逆行為は、万死に値する。

〝低学歴の選挙屋〟日本の国会議員は、朝日新聞の煽動のまま／赤い官僚の言いなりのままの、〝究極の無能集団〟

問題は、無学無教養な〝80％共産主義者〟安倍晋三や〝稀代の過激コミュニスト〟菅義偉の問題に限らない。１９６０年代までの日本とは打って変わって、今の国会議員には、憲法第二条の語句「国会の議決した」は、〝上位の不文法〟皇位継承法や明文の皇室典範に適用できないから、それが削除されるまでは〝死文〟に見做しておこうなどの見識が無くなった。皇室関連の法令に対する常識は消滅した。すなわち、国会議員の全員は、「皇室典範を含む〝皇位継承法〟関連はすべて〝皇室の家法〟に属するから、元来は皇族会議が定めるもの。国会は関与できないし、関与してはならない」との、日本国の原点を覚醒すべきである。

国会議員の学歴は、今では、官僚より一ランクも二ランクも低い。さらに、この官僚すら、1960年代までとは打って変わり、東大トップ卒の層は嫌気をさし、官僚にならなくなった。ために、その質はジェット・コースターが崩落した如く大暴落した。これほど劣化し悪貨となった赤い霞が関官僚よりも、さらに国会議員の方が学歴も知的教養も圧倒的に低い。これでは、立法を、日本民族・国家の伝統/慣習/歴史や〝上位の法〟から審理することなど、完全に不可能になった。

日本民族・国家の伝統/慣習/歴史や〝上位の法〟を知るには、最低限、東大上位1%以内で卒業した秀才に限られる。しかし、日本の国会議員たちは、自らの低い学歴や知的教養の欠如すら気にしないナラズモノばかり。当然、天皇・皇室や皇族を奉戴して天皇制度そのものを存続させる最低・最小限の知見と智慧《ちえ》は、国会から雲散霧消し、今ではひとかけらもない。

さて、2017年5~6月の退位特例法の制定過程で、自民党と民進党とを真正面から激突させるべきに、安倍晋三が逆に、この公開激突を回避する**姑息な無風立法**に固執した弊害と禍根は、決定的に大きかった。弊害の一つに、「退位特例法が共産党製の天皇制廃止法になっている」重大事実を国民に暴露する機会を永久に封殺したことが、まず挙げられよう。

次に、この激突があれば、自民党議員の中に二千年の歴史ある皇統史と皇位継承の専門家を二、三人ほど自然に再教育したのに、この好機がふいになったからだ。特に、日本国民をして、共産党製の天皇制廃止法（退位特例法）にすら無関心・無気力の〝超馬鹿民族〟に改造した弊害は無限大と言えよう。考えるだけで身震いする。日本国は、亡国最終段階の〝腐敗の極地〟に突入した。

第二節　「四・三〇」は、憲法を〝天皇制廃止憲法〟に解釈改竄した〝最高の舞台装置〟

特例法と菅義偉が独裁した「式典準備委員会」とが定めた、「譲位の禁止」「受禅の禁止」にかかわる憲法や皇室典範等からの法学的な分析は、基本的な骨格だけだが先述の第一節でも行った。特例法第五条と宮内庁法附則第三条が定めた「皇太弟の禁

表1；天皇制廃止準備法となった特例法と狂気の「4・30」式典の、その過激な違憲性

	“法の支配”	日本国憲法	皇室典範	特例法
「譲位の禁止」「受禅の禁止」	違反！	違反！	――	――
「4・30」と「5・1」の分離	違反！	違反！	――	第二条違反！
「皇太弟の禁止」特例法第五条	違反！	違反！	違反！	――
「4・30」式典	違反！	違反！	違反！	第二条違反！
特例法第一条	違反！	違反！	違反！	――
譲位パレードの禁止	違反！	違反！	――	――
立太子パレードの禁止	違反！	違反！	違反！	――

止」に対する、憲法や皇室典範等からの法学的な分析は、本書の第四章でおこなった。特例法第一条と「四・三〇」式典に対する憲法違反の視点からの解剖は、本書第二章その他で多少は言及した。ここでは、これらの言及で不足した部分を追加補足する。

なお、安倍晋三や菅義偉は、非暴力革命で皇室伝統を破壊し尽すべく、決して日本国に存在してはならない狂気のトンデモ儀式やトンデモ身位をデッチアゲた。しかし、これらは、超過激な憲法違反や皇

室典範違反を犯している。このことは、表1からも瀝然としていよう。

現憲法を〝天皇制廃止憲法〟に解釈大改竄すべく、「四・三〇」〝廃帝〟人民法廷を開廷する、菅義偉・山本信一郎・横畠裕介の〝共産党員三羽烏〟

山本信一郎と内閣法制局を副官として、赤い内閣官房長官の菅義偉が独裁者然と牛耳った「式典準備委員会」は、今上陛下に〝ご譲位〟を禁止し、代りに「退位」式典を強制した。こんな大それた犯罪をしながら、菅義偉の弁明（詭弁）は、最凶詐欺師も顔負けの〝逆さ大嘘〟を大声で叫ぶ始末。「式典準備委員会」の「基本方針」は、革命勝利を祝うかのように、白々しさ満開の真赤な嘘を冒頭に掲げている。

「（四・三〇式典は、）憲法の趣旨に沿い、かつ皇室の伝統等を尊重したものとする」（注1）。

だが、実際の「四・三〇」は〝譲位の禁止〟だから、当然、新天皇は〝受禅〟によって皇位に即くことはできない。これがどうして、「皇室の皇位継承の伝統を尊重し

表2；菅義偉「式典準備委員会」は、天皇制廃止の参謀本部だった

菅義偉・山本信一郎の国民騙しの“転倒”言辞	菅義偉・山本信一郎が、現実に進めた天皇制廃滅の共産革命
「憲法の趣旨に沿う」	憲法を徹底的に解釈改竄(改憲)し、“天皇制廃止憲法”に改造する。
「皇室の伝統を尊重する」	皇室の皇位継承の伝統を、跡形もなく粉々に破壊し尽くす。

ている」と言えるのか。「皇室の皇位継承の伝統を跡形もなく破壊し尽くしている」から、全くの逆ではないか。

また、憲法第二条は「皇位は世襲」と定めているが、菅義偉らは「皇位は、御代替わりごとにその都度、国会や国民が審査し評価して奉戴するか否かを決定する」ものに大改竄し、それを特例法第一条で明文化した。これについては、拙著『徳仁《新天皇》陛下は、最後の天皇』の35～6頁を参照のこと。

しかも、この〝凶悪残忍な魔説〟「皇位は、御代替わりごとにその都度、国会や国民が審査し評価して奉戴するか否かを決定する」は、憲法のどこからも演繹されない。解釈もされない。安倍晋三の内閣官房から流れ出る様々な情報から判明したのは、憲法第一条の「国民の総意」を切り取り、これを根拠にしたようだ。〝噴飯物の嘘八百〟を根拠にしたのである。これは〝世紀の大犯罪〟というべき、〝憲法の解釈大改竄〟である。

なぜなら、憲法第一条が定める「国民の総意」が奉戴《ほうたい》するのは、「天皇制度」や「天皇制度の（抽象的／一般的）天皇」である。皇位継承する具体的な個々の新天皇を指すものではない。当たり前だろう。憲法第一条は、立憲君主の天皇制度を定めた条項であり、それ以外ではない。

「皇位継承する具体的な新天皇」の皇位継承順位については、第二条が定める。第一条は、これに関してはいっさい無関係。だから、第一条は「天皇は…」と、**「天皇」で条文が始まる。**一方、第二条は「皇位は…」と、**「皇位」で条文が始まる。**第一条と第二条は、かくも明快に峻別されている。

すなわち、アクドイ共産党員の菅義偉／山本信一郎と共産党員官僚ばかりの内閣法制局は、無学無教養な超アホ馬鹿オッサン／オバサンしかいない国会議員の大劣化情況を観察し、法律用語の「天皇」と「皇位」の区別などできるはずはないと高を括り、第一条の「天皇」を、詐欺常習犯らしく「皇位」に摩り替えた。実際にも、この策謀に気づいた国会議員は一人もいない。この結果、菅義偉らの、**「国民の総意」を第二条に闖入させ占拠させる作戦**は、大成功した。

憲法第一条「国民の総意」の〝皇位継承〟への適用は、天皇制度を定めた憲法第一条に重大に違反する

そもそも憲法第一条の「国民の総意」は、占領中の1946年作で、対日降伏条件「ポツダム宣言」補足の「バーンズ回答」がまだ生きており、「国民の総意」の原泉「バーンズ回答」をそのまま挿入したもの（注2）。つまり、「国民の総意」は、〝**天皇制度**を存続させるか否かは日本国民が決定せよ〟という意味だから、**皇位継承**に関する事柄とは全く無縁。明白以上に明白であろう。

だが、アクドイ共産党員の菅義偉／山本信一郎や共産党員官僚ばかりの内閣法制局は、今般の今上陛下のご譲位の意向を好機到来だと、**天皇制度のみに限定される法律用語「国民の総意」**を、皇位継承にも転用して「皇位継承にも国民の総意が介入できる」という〝空前絶後の解釈改竄（＝共産革命）〟をやってのけ、大成功した。

特例法第一条が、唖然とするような条文になっているが、それは〝空前絶後の解釈改竄（＝共産革命）〟「皇位継承にも《国民の総意》が介入できる」を、実際の立法「特例法」に適用し、この法律が成立したことによって、この〝空前絶後の解釈改竄（＝

共産革命)〟が学説として確立した。菅義偉らは特例法を天皇制廃止準備法として成立させるのに成功しただけでない。〝憲法第一条の「国民の総意」は、憲法第二条の皇位継承にも適用できる〟などは、これまでは法螺《ほら》吹き戯言にすぎず憲法珍解釈として笑い飛ばされていたのに、これを憲法学説に昇格させる事にも成功した。

憲法学上のこの一大事件は、大企業に勤める日給バイト従業員が、突然、社長になったような情況に喩えられる。ところが、この〝現憲法が天皇制廃止憲法に解釈改竄された〟事実に気づいた日本人は、一億人以上もいるのに、どうやら私以外にはいない。日本人の劣化は、１９４５年8月、日本人が呆然とたたずんだ、空襲で焼け野原になった東京やその他の都市の廃墟惨状のごとく、目を覆うレベルになった。日本の亡国は間近い。

「国会は天皇の〝身位〟審査権を持つ」は、聖性冒瀆、皇位継承の全面破壊、憲法の狂解釈の三位一体

憲法第一条の「天皇」が、「天皇制度の天皇」のそれでなく、共産党の改竄解釈による改憲で、第二条の「皇位に即く新天皇」の個別具体的な「天皇」と、強権的に同

一視させた結果、**「国会は天皇の〝身位〟審査権を持つ」**という、荒唐無稽な〝真赤な狂説〟が霞が関の憲法解釈として堂々と罷《まか》り通るようになった。

鶏が先か卵が先かに似て順序には目をつぶる必要があるが（注3）、この共産革命の改竄解釈の「改憲」によって、特例法第一条が起草された。拙著『徳仁《新天皇》陛下は、最後の天皇』第一章を精読している読者には明解だが、この特例法第一条は、「天皇が公務に精励されたから退位を認めてあげよう（＝公務に精励しなかったら認めてあげない）」「皇太子も公務に精励なされたから天皇にしてあげよう（＝公務に精励しなかったら天皇にしてあげない）」の、狂気の法理**〝皇位継承は国民審査後でしか認めない〟**で起草されている。なぜ、狂気の法理であるのか。「皇位の世襲」規定の憲法第二条を全面無視し、死文と見做しているからだ。また、皇位継承〝法〟の明文化の一つが皇室典範だが、この皇室典範を全面無視しているからだ。

すなわち、「国民の総意」が皇位継承の御代替わりにも適用できる、あるいは皇位継承の御代替わりには「国民の総意」が適用されねばならないとの共産党の共産革命法理を、特例法第一条を制定することによって、安倍内閣が公認して今や政府見解となった。つまり国会や国民が〝皇位継承の御代替わり〟の皇位に許認可権をもつとの新奇の革命制度が日本国に導入されたのである。

簡単に言えば、特例法第一条は、「天皇や皇族に対する新しい身位は、国会や国民がその都度審査しその働きに応じて対価／御褒美として付与してあげるもの」とのトンデモ法理で起草されている。こんな馬鹿げた〝無法〟を極める法理論など、安倍晋三内閣が、共産党が政府部内で工作してきた「現憲法の〝天皇制廃止憲法〟への大改造」に全面協力しなかったら、日本国に万が一にも存在しえなかった。

憲法第一条「国民の総意」は皇位継承にも適用されるとの、史上初に大捏造された〝狂〟憲法解釈は、2017年の安倍晋三内閣で生まれたのである。このように、安倍晋三こそは、共産党学説という狂説を奉戴する、天皇制廃止準備法たる特例法第一条を起草した〝皇室冒瀆の大明神〟で、〝スターリンの化神〟である。

〝主権者・国民〟代表の安倍晋三が〝上〟、桜や富士山と同じ《象徴》（＝ロボット）の今上天皇は〝下〟

「四・三〇」は、〝反・皇位継承の狂気〟と「天皇は人民の囚人」論の二つに立脚した人民法廷型の儀式で断行される。〝譲位〟はその匂いすら無い。当たり前。譲位が断固として禁止されたからだ。皇位継承そのものがいっさい禁止され廃止されたからだ。そればかりでない。

政府の下部機関にすぎない「天皇」という平社員の「職業」を、三十年間、無事に果したから、今上陛下に、御褒美に社長（＝日本国の最高権力者で主権者代表の総理大臣）の御前で「退任の挨拶をする」ことを許してやるという、驚天動地の儀式になっている。

① 式典目的は、「天皇陛下のご退位の事実を広く国民に明らかにする」こと。つまり、**皇太子殿下への〝譲位〟は断固として一切させない**事になっている。

② 具体的な儀式の筆頭は、「天皇陛下がご退位前に最後に国民の代表（＝安倍晋三首相）に会われること」。つまり、**〝オイ！ 老い耄《ぼ》れ天皇よ、畏れ多くも主権者である国民代表の総理様の前で「退職」挨拶ができるんだぞ、光栄だと喜べ！〟**との（備考）、人民主権論の儀式になっている。

③ 安倍総理は、天皇に対し「廃帝！」と宣告する（＝判決文を読み上げる）のと全く同じ、「特例法の定めにより、天王陛下は退位される」と申し上げること。（以上は、注4の菅義偉文書に書かれている）。

（備考）このような不敬極まりない表現だから、私は2018年2月から十ヶ月間ほど此の問題を明らかにすることを躊躇《ためら》ってきた。が、菅義偉が現実にこう考えている厳然たる事実を国民にありのまま知らせるのも学者の務めだと自分に言い聞かせ、ついに書くことにした（２０１８年12月）。「在満洲」朝鮮人の不法入国者を父とする菅義偉は、法政大学法学部夜間部で共産党員教授から人民主権論の憲法学を叩き込まれた、その狂信者。安倍晋三は、菅官房長官から「四・三〇」トンデモ〝逆賊〟式典の説明を十全に受けた後、それに同意し、２０１８年４月３日に閣議決定した。安倍晋三は、**〝オイ！　老い耄《ぼ》れ天皇よ、畏れ多くも主権者である国民代表の総理様、安倍晋三様の前で「退職」挨拶ができるのを光栄だと喜べ！〟**の式次第を、「面白いね、実に愉快だ」と了解した。

皇位継承の儀式は、憲法第二条の「皇位は世襲」の定めに従うものだが、憲法第一条の「国民の総意」が第二条に闖入《ちんにゅう》・占拠したことによって、憲法第二条の「皇位の世襲」は、殺戮されたかのごとく雲散霧消し、安倍内閣の思考にはいっさい存在していない。憲法第二条「皇位の世襲」は死文化されたのである。これによって、皇位継承を全面破壊する目的の「四・三〇」式典を〝憲法第二条違反だ！〟と糾弾しても、「第二条の、その個所は死文ですよ」と安倍官邸は白を切ることが可能になった。

かくて、「四・三〇」は、もちろん譲位の式典ではないし、皇位継承とはいっさい無関係な式典だから、何をやってもよいことになった。そこで、共産党員三羽烏——菅義偉、山本信一郎、横畠裕介——は、今上陛下を揶揄し侮辱し恥をかかせる〝廃帝〟宣告の人民法廷にしたのである。良く言っても、老社員が社長の前で「退職」の挨拶をする式にしたのである。

菅義偉「憲法の趣旨に沿う」とは、「四・三〇を、〝憲法を天皇制廃止憲法に改変する〟好機にする」の意

これ等の事実をつぶさに踏まえると、2016年10月に始まった「有識者会議」の御厨貴や菅義偉らが、口を開けば「憲法と齟齬《そご》をきたさないように」とか「憲法の趣旨に沿う」とかと、繰り返し多用した言辞は、実は彼らの本心を隠すためのカムフラージュ宣伝で転倒語だった。これら言説は、現憲法を「正しく解釈する／厳密に解釈する／狭義に解釈する」とかとは何の関係も無い。むしろ180度も逆だった。「徹底的に憲法を解釈改竄する」との意味だからだ。「憲法の趣旨に沿う」は、「憲法を大改竄する」を逆さにした、詐欺師型の逆立ち表現だった。

要は、「憲法の趣旨に沿う」は、天皇制度と皇位継承法を是とする現憲法を、解釈大改竄でもって一気に天皇制廃止憲法に改造する〝革命転倒語〟にほかならない。

第三節　「国会は天皇を強制退位させうる」を合法化した「退位」特例法

〝暗愚の80％共産主義者〟安倍晋三は、共産党員・菅義偉の操り人形

２０１７年６月から日本は、二千年間におよぶ皇室伝統の皇位継承法を無視し、驚天動地の「国会は恣意的に天皇を決定できる」との人民主権論に立脚するようになった。つまり、国挙げて、日本は天皇制廃止の共産革命を劇的に進めることになった。

このように、「国会は、新天皇の天皇位を選択的に決定する権能を持つ」が、２０１７年６月以降の日本の天皇制度の法制。この〝赤い法理〟は、「次御代《みよ》の新天皇とならられる皇族を皇位に即《つ》かせず、皇位を空位にして天皇制を廃止する権能も国会は有している」に必ず発展する。「すでに皇位に即かれておられる天皇すら引き摺り降ろし（＝天皇を強制退位させ）天皇位を空位にし、天皇制を廃止する権能も国会は有している」に必ず発展する。

恐ろしいことだが、２０１７～9年、特例法の制定と「四・三〇」式典によって、日本の天皇制度は、天皇位の空位を国会が創りうるとなったから、法制上いつでも廃止できるようになった。〝法概念〟でもある「世襲」「皇位継承」は、憲法学説上、日本から抹殺的に葬り去られた。

特例法は共産党製の天皇制廃止法だから、志位和夫ら二十一名（衆）／十四名（参）の共産党国会議員は起立・賛成した

このことは、２０１７年6月2日の衆議院本会議と6月9日の参議院本会議の、唖然を超えて私が思わず絶句した、あっと驚く光景に端的に証明されていよう。この光景とは、天皇制廃止の「コミンテルン32年テーゼ」を今も熱烈に信仰し、このために血塗られた暴力革命を辞さない共産党議員が一人残らず特例法に賛成起立した国会光景のことである。6月2日の衆議院本会議で、志位和夫ほか共産党議員二十一名全員が起立賛成した。参議院でも同様に、共産党は小池晃や市田忠義を始め総勢十四名全員が起立賛成した。

彼らは、もし特例法が、皇室典範から欠落していた〝譲位・受禅の皇位継承〟を追

加増補する、正しい「皇室典範増補」なら、断固として反対している。が、特例法は、皇位継承を全面否定し完璧な天皇制度廃止準備法となったから、共産党は衆参合計三十五名が特例法に賛成起立したのである。

閑話休題。こんな当たり前の事態すら見えないのが、腐敗と劣化と堕落が著《いちじる》しい〝二十一世紀の日本人〟。今日の日本人には、愛国心などひとかけらもない。愛国心は、高級な学識と英邁な知と鍛錬された高雅な精神の三本柱が揃わなくて形成されえない。愛国心ある政治エリートが一人もいない日本とは、〝非国民〟たちが跳梁跋扈《ちょうりょうばっこ》する〝生物学的ヒト〟が棲《す》む日本列島にすぎない。

そして、この腐敗と劣化は、自民党の常態でもある。1960年代までは自民党は〝保守〟であった。しかし、（1972年に田中角栄が首相になって以降、左傾化が一直線に進んで）今ではすっかり、**自民党は共産党の翼賛政党**に成り下がった。首相の安倍晋三は、特例法づくりでも、「四・三〇」式典でも、〝共産党の犬〟以外の何者でもない。しかも〝共産党の犬〟になったのがよほど嬉しいのか、安倍晋三は大変な燥《はしゃ》ぎよう。

特例法を天皇制廃止準備法にした〝凶悪共産党員〟菅義偉に、全面協力する安倍晋三

特例法を天皇制度廃止法に密かに改造していくに、自民党に潜入した〝共産党の赤モグラ〟菅義偉の悪だくみが決定打になったと言える。その一部を、ここに明らかにしておく。菅義偉の狡猾な犯罪を暴いておかねば、今後も、同種の犯罪が頻発する。今後の特例法の是正もできない（備考）。

（備考）特例法の矯正方法は、まず2019年5月1日がすぎたら即座に廃止し、この世からいったん消してしまう。これは最小限になすべきこと。

菅義偉の悪だくみ第一。特例法を審議する衆議院の議員運営委員会で、2017年6月1日、菅義偉・官房長官が、安倍晋三総理の政府としての公式答弁は、ゾッと戦慄するほど恐ろしい内容だった。法政大学夜間部在籍中から強度の狂信的コミュニストだった菅義偉は、「法案の作成に至るプロセスや、その中で整理された基本的な考え方は、将来の先例となりうる」と、先例化を明言した。**特別例外の措置法**（略語となって「特例法」）が、どうして先例となるのか。特別例外は特別例外である。この法

律の性格において、先例になる筈がないではないか。

（備考）なお、この菅義偉の言動に卒倒した自民党国会議員は、一人もいない。現在の自民党国会議員は皆、頭が極端に悪いだけでなく、弱度の共産主義イデオロギーを過剰に吸引しており、「皇室を守る」「天皇制度の護持こそ日本人の魂」等の考えは完全に消失している。

が、仮にも今上陛下に限りの例外的なご譲位を〝先例〟とすれば、この「先例」が将来において必ず拡大解釈される。「国会による、天皇を強制退位することが可能な法的根拠」になるのは余りに明白。〝成蹊大卒のスーパーお馬鹿〟安倍晋三ですら、**先例化は天皇の強制退位の危険性を孕んでいる**と肌でひしひしと感じ、「先例とはならない／先例とはしない」原則死守に懸命に必死に固執した。

一方、キツネ以上に悪賢い〝赤い悪漢〟菅義偉は、総理・安倍晋三の代行であるにも関わらず、２０１７年６月１日、安倍が議員運営委員会に出席しなかったのをこれ幸いに、共産党の主張を、八百長的にオウム返しして、「皇室典範に退位条項を明記する」のとほぼ同等の「先例となりうる」との言質を与えた。

爆弾テロのような重大深刻な危険性を孕む「先例となりうる」の菅義偉が放った筈弁を、皇室典範の附則に追加された、全く不必要な盲腸条文「**この法律**（備考）の特例として天皇の退位について定める天皇の退位等に関する皇室典範特例法は、**この法**

律と一体を成すものである」と合体すると、皇室典範に強制退位条項が明記されている場合と同じ法解釈が可能となる。

（備考）ゴチック部分「この法律」とは、皇室典範の事。〝皇室典範〟と素直に書けばいいものをわざわざ「この法律」とするのは、皇室典範は〝皇室の家法〟ではなく、国会議員の過半数でどうとでもなる**単なる法律**にすぎないと、皇室典範を貶めるためである。共産革命語「この法律」は、正しく〝皇室典範〟に是正されねばならない。

菅義偉の恐ろしい狂説「今上陛下のご意向（＝ご譲位）尊重は、憲法第四条違反！」は、何を狙う

菅義偉の悪だくみ第二。もう一つの菅義偉の答弁は、過激共産党員である本性をもっとはっきり剝《む》きだした。共産党議員との事前打ち合わせがバレることすら躊躇うことなく、公然と、共産党との八百長問答をした。テレビに映る菅義偉の姿は、どう見ても、**志位和夫総理に仕える内閣官房長官**だった。

塩川鉄也・共産党議員は、「お言葉（陛下の御諚）の文言を使っていないのは、お言葉（陛下の御諚）に基づく立法は憲法違反の恐れがあるから」と解釈してよいか、と質問した。これに対し菅義偉は、「その通り！」「憲法は、（譲位であれ）天皇のご意向表

明を違憲と定めている。よって政府も国会も、皇室問題に関わる天皇ご意思表明は断固として無視・排除しなければならず、特例法も今上陛下のご譲位ご意向を無視・排除している。よって、特例法は憲法違反には当たらない」と、天皇制廃止の〝対天皇憎悪感情〟あらわに、共産党公式革命路線の通りの答弁をなした。

「(2016年8月8日の) 天皇陛下のおことばは、これまでのご活動を続けられることが困難となるというお気持ちを、国民に向けて発せられたものであり、**退位の意向** (＝譲位のご意向) **を示されたものではなく、**天皇の政治的権能の行使に当らないと考えます」

「(「陛下の御諚 (おことば)」を) 今回の立法の直接の端緒として位置付けた場合には、憲法第四条第一項に違反する恐れがあり、(このため) 文言 (＝陛下の御諚 (おことば)、譲位) を (特例法の法律名にも第一条にも) 使用しないことにした」(丸カッコ内中川、注1)。

(参考) 憲法第四条第一項「天皇は、この憲法の定める国事に関する行為のみを行ひ、国政に関する権能を有しない。」

とすれば、菅義偉は、素人でも真赤な詭弁とわかる〝大詭弁〟「天皇がご譲位の意向を示すことそれ自体、憲法第四条の国政への干渉・介入（＝国政に対する政治的権能の行使）の禁止に抵触して、憲法違反である」を安倍内閣の公式見解とした。こんな狂った憲法解釈など荒唐無稽な謬説にすぎない（注2）。天皇制廃止の狂信無くしては発想できない、共産党以外には存在しない狂説。まさに、菅義偉とは志位和夫政府の内閣官房長官であり、安倍晋三は志位和夫政府の代行首相である。

「退位」特例法が、今上陛下の2016年8月8日テレビ御諚（お言葉）によって、制定のやむなきに至ったのは衆知の事実。また、この事実は、特例法第一条「今後これらのご活動を天皇として自ら続けられることが困難となることを**深く案じておられること…**」という表現が明文化されている。すなわち、特例法は、「在位を続けることを困難だと、天皇自ら深く案じておられる」という表現において、**「ご譲位のご意向を示された」**旨を強く示唆している。**「ご譲位のご意向」**が無ければ、そもそも、今般の特例法の制定などあり得ない。ではなぜ、共産党員・菅義偉は、こんな見え透いた嘘八百の憲法改竄解釈と嘘事実の捏造創作を答弁したのか。

憲法第四条の「国政に関する権能」の「権能」とは、国防や外交政策あるいは内閣の首班・閣僚人事に対する「広義の国王の大権」のことをさす。憲法第四条第一項は、これらの「広義の国王大権＝幅広い政治権能」を日本の天皇は有さないに狭めた、立憲君主の大権に関する最狭義の定義を採用したものである。

英国型の〝立憲君主〟では、立法等への介入は禁止されているものの、「総理を激励する／叱責する」など、拝謁・内奏する総理に「自由に聖旨（意見）を賜る」ことは「国王の権能」として認められている。１９８０年代、サッチャー首相がエリザベス女王と対南ア外交を巡って喧々諤々《けんけんがくがく》の激突内奏をした有名な話は、英国の国王大権（国政に関する権能）の一端を紹介してくれる。

さて、天皇は〝皇室の家長〟として皇室・皇族全体を総覧する。天皇制度の頂点に在る天皇のご意向無くして天皇制度の存立など不可能。特に、皇位が悠久に継承され続けるよう〝皇統の無窮〟に関する無限責任が天皇に課せられている。それが、「皇位は世襲」の憲法第二条の定めである。憲法第二条は天皇・皇室に「すべての皇位継承」問題の第一責任者たることを課しているだけではない。皇位継承に直結するだけに、憲法第二条は皇室内問題に関しても天皇を第一責任者にしている。

だが、〝共産党の公式見解〟「天皇とは、主権者人民の奴隷である」を信奉する菅義偉は、憲法第四条の解釈だと詐称し、「反・天皇革命運動」ドグマである、**〝天皇に対し、国政ではない、純然たる皇室問題や皇位継承問題であっても、一言の発言もさせない〟と、**を国会で答弁した。この答弁によって、菅義偉は、共産党の狂気ドグマや反・天皇運動を、自民党政府の公式憲法解釈にしたのである。

要するに、菅義偉のトンデモ憲法改竄解釈は、〝狂気の大詭弁〟をその議論の出発点に置く。すなわち、笑止千万な〝漫才語〟「非・国政の皇位継承問題は、国政である」が、この〝狂気の大詭弁〟。しかも、〝真赤な嘘〟「非・国政の皇位継承問題は、国政である」を前提に、〝赤い共産革命ドグマ〟「国政への権能を有さない天皇は、皇位継承問題への一切の発言をしてならない」を、憲法第四条改竄解釈の強弁から導いている。

われわれ真正の日本国民は、今や緊急・喫緊の課題として、「非・国政の皇位継承問題は、国政である」という狂牛病より病気の〝狂気の大詭弁〟を、政府・国会から摘出すべく、外科手術を断行し廃棄せねばならない。

なお、菅義偉のこのような狂気の憲法改竄解釈は、天皇制度廃絶に直結する女性宮家／女性天皇／女系天皇に対して、天皇が「NO！」の御諚《ごじょう》を発せられるのを未然に妨害せんとする共産党の天皇制廃止を側面援護するためでもある。天皇や皇族をルイ十六世と同じくギロチンで処刑したいと、ひたすら皇室や皇族に対して「在日」コリアン特有のヘイト（憎悪）とルサンチマン（怨念）に生きる凶悪コミュニスト菅義偉を処理するに、真正の日本国民が、もはや躊躇っている時間はない。

国会論戦をせず裏取引の密室立法と安倍の天皇制廃止シンパが、特例法を〝共産党製〟にした

「皇位廃絶に至らしめるべく、〝似非《えせ》宮家〟女性宮家の制度化を、国会は審議せよ」のトンデモ附帯決議よりもっと恐ろしい、「強制退位の法的根拠化の先例にする」との菅義偉・官房長官の国会答弁などによって、国民が当初想像していた〝今上陛下に限る譲位特例法〟は、あっという間に、天皇制廃止準備法で「今上陛下への〝廃帝宣告の人民法廷」法へと摩《す》り替えられた。

この最大の原因は、安倍晋三が80％共産主義者であるため、共産党員・菅義偉や山本信一郎にシンパシーの共振を起こし、「天皇制廃止準備法でもいいや」と同意したことにある。安倍晋三は、オレの総理在任中でないから、「日本国の天皇は、徳仁《新天皇》陛下が最後でいいではないか」と心底から考えている。

注

第一節

1、『コーク判例集』第12巻、63頁。

2、『ザ・フェデラリスト』78篇、福村出版、376～82頁。

3、『コーク判例集』第8巻、113～21頁。

第二節

1、『天皇陛下の御退位に伴う式典についての考え方（案）』（2018年2月20日配布）。

2、〝迷妄の謬語〟「国民の総意」は、ポツダム宣言の「バーンズ回答」だから、占領が終了したと同時に失効した。1952年4月以降から1960年代を通じて、盲腸句「国民の総意」を憲法第一条から急いで削除する憲法改正をせねば、将来、この「国民の総意」を悪用する輩が出てきて厄介になるかも知れないとの考えに、国民の六割が賛成であった。しかし、この憂慮をする日本国民が、世代交替とともに、恐るべきことに、今ではゼロになった。日本から真正の日本国民が消えた。一億日本人は〝狂愚〟以下になった。〝憲法改正マニアックの道化師〟安倍晋三が、危険語「国民の総意」の削除はむろん、**憲法第一条後段を全文削除する憲法改正をしよう**と口にしたことは一度もない。

3、「特例法第一条の成立→現憲法の天皇制廃止憲法への解釈改竄の成功」ととるか、「現憲法の天皇制廃止憲法への解釈改竄の成功→特例法第一条の成立」ととるかは、鶏と卵の関係になっている。

4、上掲1。

第三節

1、『朝日新聞』2017年6月2日付。

2、特例法という重要法案を二～三週間以上、衆参それぞれの内閣委員会で論戦が繰り広げられる通常の審議方式に附して居れば、菅義偉のこんな真赤な憲法改竄の嘘解釈など直ぐにバレ、即座に撤回を迫られ、官房長官を罷免されただろう。

つまり、今般の特例法の国会審議が衆参とも僅か二～三時間で、しかも即日採決だから、どんな捏造でっち上げ答弁しても、時間逼迫から追及されない。この事実上の無審議情況を逆手にとり、〝世紀の悪漢〟菅義偉は、火事場泥棒と同じドサクサに紛れて、〝赤い狂説〟を貫くことができ、またそれを公言した。

参考1 「四・三〇」に至る、主な事件と経緯

（補1） 表1から直ぐわかるように、御厨貴と菅義偉が共同で主導した「天皇の公務の負担軽減等に関する有識者会議」は**2016年10月**から始まったが、実は、陰で進めていた「退位特例法の起草作業」を国民の目を逸らす陽動作戦の演劇舞台だった。

すなわち、霞が関の共産党官僚と政府高官がフル稼働で悪知恵を絞っていたのは、まずは**2016年5月**から作業開始していた（顔を突然、地下から高く突きだし、国民が初めて知ったのは、一年後の2017年5月発表の）天皇制廃止法の「退位」特例法案。次が2018年1月〜4月に顔を表にぬっと出した、菅義偉が独裁した式典準備委員会の（共産党製の）**反・皇位継承あらわな、今上陛下に対する「退職処分」**方式の「四・三〇」。

（補2） 共産党員の御厨貴が主導した審議会「天皇の公務負担軽減等に関する有識者会議」は、「公務の軽減」とあるように、天皇に〝**退位を認めてやる**〟代りに「高齢

表1；"80％共産主義者" 安倍晋三が推進した譲位禁止・受禅禁止の法制化とその先例づくり

2010年7月22日	陛下は、三谷太一郎／羽毛田信吾／渡邉允らに「譲位ご意向」を漏らされた。この三名はともに共産主義者。
2016年2月上旬	宮内庁長官・山本信一郎が「陛下譲位のご意向」をNHK記者にリーク？　菅義偉リーク説もあり。
2016年5月	菅義偉・山本信一郎・内閣法制局は、退位特例法の起草作業を開始。
2016年7月13日	「陛下**生前退位**ご意向」とNHKがスクープ報道。共産党語「生前退位」の流布が目的。
2016年8月8日	陛下のテレビ御諚。語彙「譲位」が完全抹殺された。陛下の聖旨でなく"共産党製"の御諚だから当然！
2016年10月17日	御厨貴が主導の「天皇の公務の負担軽減等に関する有識者会議」第一回会合。
2016年10月20日	皇后陛下が「生前退位」を"譲位"に是正するようご抗議。新聞テレビは、「生前」を削り「退位」のみにした。**安倍晋三は、**俺は初めから「退位」しか口にしていないと開き直り、**不敬にも今上陛下ご要望の正語"譲位"を全面無視**して、変更せず。
2017年1月23日	同上、『論点の整理』を発表。
2017年4月21日	同上、『最終報告書』を決定・発表。
2017年4月26日	「**退位**」特例法案骨子が新聞発表。「公務の負担軽減…有識者会議」の騒ぎは、国民の目を「**退位**」特例法案づくりから逸らす陽動作戦だったことが初めて判明
2017年5月19日	「**退位**」特例法案を、安倍晋三は閣議決定。二文字「陛下」を削る不敬とともに、「譲位」を「退位」に改竄し、皇位継承を全否定した天皇制廃止法だった。

2017年6月9日	安倍は「**退位**」特例法を“国会論議させない”国会機能の停止の状況にして、成立させた。
2017年12月1日	無法者の安倍晋三は、特例法第二条違反を躊躇うことなく、“譲位させない”を具体化すべく、「退位」と「即位」を分離（皇室会議）。この政令は12月8日に閣議決定。
2018年1～4月	菅義偉が独裁した「式典準備委員会」は、真赤な嘘歴史偽造で“譲位”不可を決定。同時に、「4・30」式典を、レーニンの人民主権論に基づき、天皇に対し“今日限り、天皇位を剥奪する”と宣告する法廷にすることを決定。
2018年10月12日	安倍晋三の「式典委員会」は、菅が決めた譲位禁止式典をそのまま強行することを再確認。
2019年4月30日	今上陛下に“廃帝”と宣告し、粗大ごみ的に追放処分する人民法廷。

退職制度の導入を図る」というもの。天皇を国家公務員に扱う**不敬・不遜極めるトンデモ方針**が背景になければ、こんな異様なタイトルにはならない。

すなわち、「天皇の公務負担軽減等に関する有識者会議」という審議会の名は、天皇を公務員の《公務》に貶める、無礼かつ憲法違反のタイトル。この名称は、「今上陛下に限る譲位・受禅の、皇位継承に関わる有識者会議」とすべきが、唯一に正しい。

また、天皇とは、「一に祭祀、二に儀式、三に国家元首としての国事行為」をなされる聖性の天皇位にある。「第四番目の公務」は、天皇の御存在の一部を形成されているのは間違いないが、「祭祀・儀式・国事行為」とは別次元でその数段下にある。「公務」を軽減なされるか否かは、陛下ご自身がお決めになられる事柄で、政府も国民もいかなる干渉もしてはならない。このような干渉は天皇の至高と聖性への侵害だし、憲法違反である。憲法は「天皇の公務」につき、政府にいかなる権限も付与していない。

すなわち、「天皇の公務の負担軽減等に関する有識者会議」にある**「公務の負担軽減」**という考え自体、憲法に違背するから、この有識者会議自体、政府が犯した憲法違反の組織であった。また、天皇を貶める不敬きわまる冒瀆行為を目的とした組織であった。こんなタイトル名の審議会を設置した事実において、安倍晋三には皇室尊崇の精神も天皇制度護持の日本人の魂も一欠けらもないことが証明された。

参考2　ご譲位の天皇一覧と譲位・受禅の日

（平安時代以降の、譲位・受禅の儀式は、計五十回）

天皇→上皇	譲位受禅年月日	天皇→上皇	譲位受禅年月日
平城天皇	809年4月1日	後嵯峨天皇	1246年正月29日
嵯峨天皇	823年4月16日	後深草天皇	1259年11月26日
淳和天皇	833年2月28日	亀山天皇	1274年正月26日
清和天皇	876年11月29日	後宇多天皇	1287年10月21日
陽成天皇	884年2月4日	伏見天皇	1298年7月22日
宇多天皇	897年7月3日	後伏見天皇	1301年正月21日
朱雀天皇	946年4月20日	花園天皇	1318年2月26日
冷泉天皇	969年8月13日	光厳天皇	1333年5月17日
円融天皇	984年8月27日	光明天皇	1348年10月27日
花山天皇	986年6月23日	崇光天皇	1351年11月7日
一条天皇	1011年6月13日	後光厳天皇	1371年3月23日
三条天皇	1016年正月29日	後円融天皇	1382年4月11日
後朱雀天皇	1045年正月16日	後小松天皇	1412年8月29日
後三条天皇	1072年12月8日	後花園天皇	1464年7月15日
白河天皇	1086年11月26日	正親町天皇	1586年11月7日
鳥羽天皇	1123年正月28日	後陽成天皇	1611年3月27日
崇徳天皇	1141年12月7日	後水尾天皇	1629年11月8日
後白河天皇	1158年8月11日	明正天皇	1643年10月3日
二条天皇	1165年6月25日	後西天皇	1663年正月26日
六条天皇	1168年2月19日	霊元天皇	1687年3月21日
高倉天皇	1180年2月21日	東山天皇	1709年6月21日
後鳥羽天皇	1198年正月11日	中御門天皇	1735年3月21日
土御門天皇	1210年11月25日	桜町天皇	1747年5月2日
順徳天皇	1221年4月20日	後桜町天皇	1770年11月24日
後堀河天皇	1232年10月4日	光格天皇	1817年3月22日

（備考）後高倉院と後崇光院のお二方は、「上皇」であらせられたが、譲位によってではない。

（出典）『国史大辞典』第八巻、466～7頁。

あとがき

新天皇陛下の元号制定権を
剝奪した安倍晋三
――〝80％共産主義者〟安倍晋三の本心は、
次代天皇をもって天皇制廃絶

新年早々の2019年1月5日、新聞各紙が一面を大きく飾ったように、安倍晋三・首相は、日本二千年の歴史にかつてない、天皇の大権たる元号制定権を平然と新天皇陛下から簒奪した。日本は、明確かつ明白に天皇制廃絶へと舵を切った。〝国民騙しの天才〟でフェイク・スローガンの乱発を政権運営の常套《じょうとう》にする安倍晋三とは、血塗られた暴力革命をせず、なし崩し的に、日本国の亡国に他ならない**〝多民族が共生する人民主権の共産社会〟**に大爆走する強力な機関車である。

しかし今なお、一般日本人は、共産党と朝日新聞を除けば、安倍晋三が父親・晋太郎から濃厚に洗脳された〝強度の共産主義者〟である厳然たる事実を直視しようとは決してしない。安倍晋三が着る〝フェイク民族主義〟衣装は、スターリンを崇拝し河上肇「教祖」の共産主義を奉じてきた〝安倍家三代〟の「共産国家への日本改造の狂気と執念」を隠す、カムフラージュ煙幕にすぎない。

それはともかく、元号制定権を、徳仁《新天皇》陛下から簒奪した安倍晋三のやり方と対国民騙しの詭弁は、日本国の根底を揺るがすものだから、しかと直視する必要がある。

具体的には、安倍晋三は、改元の一カ月前（4月1日）、「俺様が日本の本当の支配者だ」と、新元号を閣議決定する。すなわち、安倍晋三は、新天皇陛下の新元号詔書渙発を廃止し（復活させず）、共産党系憲法学説に従い、安倍晋三・人民主権政府こそが元号制定権を持つとした。

共産党は、１９７９年を期して「元号絶対反対」から「元号の制定権は、天皇になく、主権ある〝国民の国事行為〟」に、革命運動の路線を変更した。「天皇制を**廃絶する**」から「天皇制は**廃絶されている状態にする**」への転換である。これにより元号に関する事態は、元号法が制定される１９７９年以前より一層悪化した。

なぜなら、第一。「御代替わり時の、天皇の新元号詔書渙発制度は**慣習**として残っている」との多数説が元号法で一掃された。第二。共産党の元号反対キャンペーンには、国民の絶対多数がそっぽを向いていたのに、「元号制定は天皇の国事行為ではない。国民すなわち国民の代表たる内閣の権能である」との共産党学説には国民は全くの無関心で、いつしか内閣法制局見解となったからだ。**〝元号制定権が天皇から簒奪され、内閣に移行した〟**共産革命は、元号法の制定がキッカケだったから、元号法こそが〝天皇の大権〟剝奪革命を成就させたと断定できる。

日本には保守系の憲法学者は皆無で、「元号制定は、天皇（＝立憲君主）の大権だから、《国事行為》の次元にはない」との、正常な見識の反駁すらなされなかった。あるいは、「天皇の元号制定権は、天皇を奉戴する日本国においては、天皇が制定するのが当然の慣習で、当然の慣習は〝憲法の上位にある法〟で絶対真理」との正論も展開されなかった。

ために今では、自民党国会議員の全員が、共産党の狂説の信奉者になってしまった。現に、強度の〝隠れ共産主義者〟安倍晋三は、オウム真理教の狂信信者よろしく、共産党の〝カルト教義〟極左憲法学説を絶対真理として狂信している。つまり、〝狂説〟「元号制定権は天皇にはない」が安倍晋三の信念。だから安倍晋三は、今上陛下に対し不敬を極める以上の究極の侮辱行為、「陛下！　お前が新天皇の代理をしろ！」と、新天皇の元号制定権を簒奪し、4月1日に新元号制定政令の御名御璽を、何と前天皇に当たる今上陛下に強制する。

さらに、安倍晋三の屁理屈は詭弁を越えたもので、啞然とする。「元号を使用している税金や社会保障等の行政システムのコンピューター入力情報の修正（改修）に三週間ほど必要だからだ」と。そんな事、理由になるまい。なぜなら、2019年5月いっぱいは「平成」を使用すれば済む話ではないか。現に、1989年1月8日、「昭和」から「平成」へと元号が変わった時、この1月中、政府関連文書も政府発行の諸書類も、すべて「昭和」のままだった。

つまり、安倍晋三の元号一ヶ月前倒し発表は、〝凶悪な共産党員〟菅義偉と謀議し、天皇の元号制定権を政府が簒奪し廃止する〝天皇制廃止の革命目的〟が出発点。元号制定権がある限り、天皇は日本国の元首であり、日本は立憲君主国である。故に、心底では「天皇は元首でなく、政府の奴隷的囚人であるべきだ」と考える安倍晋三は、元号制定権の天皇からの剝奪運動を完遂したく、露骨に、その最終制度化の切り札として、**内閣による一ヶ月前の新元号発表**という、恐ろしい共産革命を決行することにしたのである。

天皇の元号制定権を新天皇から剝奪した安倍晋三の叛乱《はんらん》的強権発動は、徳仁《新天皇》陛下に対して、われわれ一般の日本国民が天皇を〝見上げて〟奉戴しているのとは真逆だから可能になる。つまり、天皇に対する憎悪と侮蔑感情を煮え滾《たぎ》らせる安倍晋三の〝天皇に対する思想と精神〟は、「天皇制度などもうおしまいなのだ。オイ、新天皇よ、最後の天皇として一応奉戴してやるから、天皇の元号制定権など俺様の言う通りに《黙って捨てろ》」と、天皇を〝見下げる〟土壌から産まれている。

このような〝非・日本国民の極み〟安倍晋三に逆さにもフィーバーする神社本庁や日本会議の、愛国心を喪失した非・国民化のシンクロにおいて、日本の天皇制度が徳仁《新天皇》陛下を最後に忽然《こつぜん》と消えるのは、もはや確実で、不可避だろう。

なお、1979年6月の元号法は、全面改正する必要がある。本則第一項の「元号は、政令で定める」を、「元号は、詔書の渙発《かんぱつ》をもって制定する」に。また、附則第二項を、全面削除すること。

最後になりましたが、本書では敬称を省略させて頂きました。関係する方々に対しましては、このご無礼、平にご容赦のほどまげてお願い申し上げる次第です。また、本書は、『徳仁《新天皇》陛下は、最後の天皇』を基礎編とし、これの応用編というべきペア作品。併せて両書とも御一読賜れば心から幸甚至極に存じ上げる次第です。

附章

大嘗祭の死滅を狙う、神嘉殿〝代用〟という狂説

２０１８年11月30日、日本中に激震が走った。秋篠宮殿下の御誕生日に当たるが、この日の発表を予定した殿下の事前記者会見の録画が一斉にテレビから流れ、また新聞各紙が大きく報道したからである。その衝撃ご発言は、次の二点。

第一点。共産党と全く同じ真赤な憲法解釈（憲法第89条の捏造的な嘘解釈）を狂信されておられる秋篠宮殿下は、「大嘗祭は宗教色が強い。国費で賄《まかな》うことは、政教分離を定めた憲法違反に当たり、適当ではない」というもの。第二点。「大嘗祭の費用は、（質素倹約の御生活しかできない現在の皇室）内廷費をさらに倹約して賄うべき。神嘉殿《しんかでん》で挙行すれば、それは可能」というもの。

オマケの三点目にも触れるとすれば、「山本信一郎・宮内庁長官に伝えたが、同長官は、聞く耳を持たなかった」とお述べになられたこと。

秋篠宮殿下〝ご発言〟は、真正の日本国民への奮起せよの、反語〝檄《げき》〟

私は、秋篠宮殿下のご発言には全く驚かなかった。毎日新聞が三カ月前の8月に報道済みだったこと（注1）。秋篠宮殿下が強度の共産党シンパであられる事実を昔から仄聞《そくぶん》していたこと。などからである。

（備考）秋篠宮殿下のＩＱは極めて高く、東大でいえば上位一割以内に軽く入るレベル。国民はこの事実を踏まえて、秋篠宮殿下のご発言を考察すること。

私が驚かなかった理由には、もう一つある。１９４７年に「皇族」の身位を剝奪され「民間人」に降下を強制された十一名の宮家当主のうちお二方が〝赤い皇族〟だったので、これが三方に増えたと思えば済む話と考えたからである。〝赤い皇族〟のお一方は、戦後すぐ総理大臣にご就任された東久邇宮《ひがしくにのみや》稔彦《なるひこ》王殿下。事実上の日本共産党員であられた。もうお一方は賀陽宮《かやのみや》恒憲《つねのり》王殿下。近衛文麿とともに、ベリヤが統轄していたＮＫＧＢに所属する〝ソ連「対日」工作員〟。政治天才の昭和天皇は、大東亜戦争の開戦以前からこの事実をお知りになられておられ、賀陽宮恒憲王を蛇蝎のごとく嫌悪され排除されておられた。

（備考）旧皇族の「保守」は、梨本宮守正《なしもとのみやもりまさ》王と閑院宮春仁《かんいんのみやはるひと》王の両殿下。残り七宮家当主は「ノンポリ」と推定される。

秋篠宮殿下の極左イデオロギー問題について、国民は決して秋篠宮殿下を非難したり批判してはならない。天皇や皇族の瑕疵は全て政府と国民が負うべきが絶対の〝法〟。この原則からの逸脱は、違〝法〟である。天皇や皇族は神聖にして不可侵。仮に瑕疵があるならば、それは政府や国民が責任をとるべきである。

すなわち、皇室担当大臣の菅義偉・内閣官房長官は早急に、秋篠宮殿下に憲法第八十九条に関わる共産党製の真赤な嘘解釈を刷り込み洗脳した宮内庁の国家公務員を具体的に炙《あぶ》り出す当然の職務を果たさなければならない。噂によれば、この洗脳を命じたのは菅義偉だと言う。実際の実行犯が宮内庁長官・風岡典之《かざおかのりゆき》で、洗脳要員の宮内庁国家公務員を秋篠宮邸の職員に配属したという（注2）。この真偽について菅義偉は、自分自身の自白を含め、直ちに調査すべきだろう。

第二。秋篠宮殿下は、「大嘗祭とは、新嘗祭にプラスαしたもの」と、妄想レベルの大錯覚なされておられる。皇室担当大臣の菅義偉は、この「皇族が大嘗祭に無知であられる」事態の招来に責任をとり、大臣の職を直ちに辞するべき。大嘗祭は神嘉殿では万が一にも斎行できない。こんなこと、皇室祭祀の初歩的知見。これがご教育されていないのは、政府の重大責任。菅義偉・官房長官の辞任だけでなく、安倍晋三・総理大臣も引責辞任すべきある。

以下、〝大嘗祭は神嘉殿では斎行できない〟という初歩的知見をかいつまんで概説するのは、この問題意識からである。

大嘗祭は、起源も儀式目的も、新嘗祭とは全く異質で異次元

表1；発祥（始原）も儀式の目的も全く相違する、大嘗祭と新嘗祭

新嘗祭	大嘗祭
各村／各氏族が祀る神に新穀を奉納し共食する祭は、紀元前1000年頃から弥生時代を通じて全国広く日本民族の民俗だった。弥生時代中期の紀元前150〜100年頃の天照大神「一族」も、毎秋、新穀を神に奉じる新嘗祭を催された。一方、大嘗祭は、紀元ゼロ年ごろに創始された、皇室のみに固有で独自の神事。	おそらく日向三代の二代目「山幸彦」が創案し、三代目「ウガヤフキアエズノミコト」が初めて斎行された？　大嘗祭は、天皇(すめみま、おおきみ)位争いが絶えない皇族間／皇兄弟間の安定を図るべく、対「皇族」の神事として創始されたと考えられる。 （参考）即位儀式は、国内・国外への政治的必要から創設。唐風の大規模化は持統天皇以降。
常設の祭殿にて挙行するのも、日本全国に共通する弥生文化の一つ。初期大和朝廷も同じ。平安時代に**中和院神嘉殿**での挙行慣行が確立したのは、当時の「近代的」制度化。 （参考）大極殿竜尾壇下の庭でない事に留意せよ。	大嘗祭は新嘗祭を参考にして創造された以上、表面的には共通・類似する部分が多い。だからといって、「大嘗祭は新嘗祭の発展したもの」との無根拠な短絡は、致命的な謬論に陥る。奈良・平安時代、**大極殿の前庭（竜尾壇の下）**で挙行。
新嘗祭は"中祀"。大嘗祭によって、天皇はニニギノミコトに化身されており、天照大神との新穀共食である新嘗祭主宰の権威と資格が付与される。大嘗祭を経ない天皇に、新嘗祭主宰の資格はあるのだろうか？　大嘗祭の廃止は、新嘗祭の廃止に直行するだろう。	大嘗祭は、天皇の皇孫（すめみま／ニニギノミコト）化（同体化）が目的の秘儀の神事で**"大祀"**。『日本書紀』では清寧天皇の条が初。実際には神武天皇以前、「日向」で始まっている。天武天皇は、それまでの皇室の「私的」だった大嘗祭を国家の「公的」に変更し、公表に踏み切った。

天皇の、祖霊神との新穀共食神事だから、儀場は神嘉殿が妥当。「神嘉殿」は地上の斎場で、天皇は現世の天皇。天照大神の方が、天から**降臨**される。一方、大嘗祭の斎場「悠紀殿・主基殿」は、神嘉殿とは真逆の、天上の高天原にある“ニニギノミコトの**産屋**”。天皇の方が**昇臨**される。神事の目的も本質も全く相違するので、新嘗祭は、大規模化しても大嘗祭を代替できない。	儀場は、高天原のニニギノミコトの産屋。この「産屋」を、「斎庭ゆにわ」と卜定された（東日本代表と西日本代表の）斎田の「国」が、紀元前100年頃の弥生時代の産屋を模して各々建てる。故に、朝廷の大工が、悠紀／主基殿の建造に関わってはならない。天皇は「天孫**昇**臨」し、神事をもってニニギノミコトの魂を憑依させ「皇孫」に化身し、天つ神々の前で御饌を召し上がられた後、「天孫**降**臨」する。東日本と西日本に示すべく儀式は二度。大嘗祭の要は、衾に包まりニニギノミコトに化身する秘儀と「**天皇＝皇孫**の降臨」の再現。（天照大神が引率する）「神々」の前での御饌拝食の儀における天皇は「皇孫ニニギノミコト」。現世の天皇ではない。
要は、新嘗祭とは、ニニギノミコトに化身された天皇が、地上の新穀を天照大神に供進され共食する神事。目的は、天皇が魂（生命力）を新たにされ、来年の五穀豊穣を祈る。	新天皇が、ニニギノミコトに**成る（化身する）**ため、天上の産屋で天上の米／酒／水（注3）を天つ神々から「召し上がれ」と饗応されお食べになり（注4）、真床覆衾に包まれ降臨する神事。

（備考）表1では、祭祀と神事とを区別している。広義の祭祀ではなく、ここでは狭義の祭祀をもって祭祀としたからである。広義の祭祀は、①祭神を祀る祭祀（宮中三殿などでの祭祀は狭義）と②祭神不在の神事の双方を含む。祭神不在の神事である大嘗祭は、広義の祭祀であっても、狭義の祭祀には該当しない。

大嘗祭を正しく理解するための文献史料

平安時代までの儀式書は、秘儀の大嘗祭をおおむね正しく理解していた。鎌倉時代から室町時代に入ると、一条兼良『代始和抄《だいはじめわしょう》』ですら重大な間違いを犯すようになる。昭和に入るや、折口信夫《おりくちしのぶ》ら、学界では天皇侮辱が横行し始め、天皇制廃止の「学問」が遂に台頭。折口の『大嘗祭の本義』（1930年、1928年6月講演を大幅に加筆）は、この唾棄すべき嚆矢（注5）。

すなわち、大嘗祭については、拙著『徳仁《新天皇》陛下は、最後の天皇』の第四章（201頁）にも明記したが、第一に、表2にリストした儀式書を精読すること。第二に、今に残るかなりの数の大嘗祭関連の絵図から、大嘗祭を合理的に推定すること。この二つからの逸脱は絶対にすべきでない。第三は、第一と第二を整合させていく作業。これら三つが、秘儀である大嘗祭の真相と核心に迫るに不可欠な入門段階の学術方法論。これを怠れば、大嘗祭論は紛い物とならざるを得ない。場合によっては捏造を招く。

（天皇制廃止の極左ドグマがないと断定されるorと仮定して）一条兼良やその他の学者たち

表２；大嘗祭を理解したいなら、最小限読むべき儀式書（『貞観儀式』『延喜式』『江家次第』がベスト）

	編纂／著作年	編纂を命じた天皇／著作者	収録されている書籍
『貞観儀式』	870年代	清和天皇	『続日本古典全集』、現代思潮社
『延喜式』巻七	927年	醍醐天皇	虎尾俊哉『延喜式　上』
『西宮記』	938年より前	源高明、醍醐天皇の皇子	『神道大系朝儀祭祀編二』
『北山抄』	1012〜23年	藤原公任、大納言	『神道大系朝儀祭祀編三』
『江家次第』	1111年より前	大江匡房、権中納言	『神道大系朝儀祭祀編四』
『天仁大嘗会記』	1108年	同、鳥羽天皇大嘗祭の記録	『神道大系朝儀祭祀編五』
『後鳥羽院宸記』	1212年	後鳥羽天皇	『増補史料大成』第一巻
『永和大嘗会記』	1375年	二条良基、関白	『神道大系朝儀祭祀編五』
『代始和抄』	1478年	一条兼良、関白	『群書類従・第26輯雑部』

（備考）『宮主秘事口伝』は1362年で、1200年以降。このため先入観に立脚している可能性が高い。

の間違いは、次の三つの事柄のいずれか、もしくはその複合から発生している。第一は、祭神不在の大嘗祭に祭神を詮索すること。祭神が祀られると強弁するなら、『令義解』に従えば、**ニニギノミコトに化身された天皇ご自身も祭神**のお一方として祀られておられるから、「祭神による祭祀」となり、理に合わない。

第二の間違いは、大

嘗祭を、表層上の類似性をもって、異次元にある新嘗祭の近縁的延長上に捉えること。第三は、「第一神座」の上で衾《ふすま》を被り天皇が仰向けに寝られる所作を一切無視し、この秘儀あって初めて可能な、二次的な〝第二神座での神膳供饌の儀式〟を、これが大嘗祭のすべてだと短絡すること。

大嘗祭を論じた著作や論文の過半は、口から出任せ嘘八百ばかり。

この種の大嘗祭捏造に精を出す「エセ学者」は数知れず。その好例として、誰もが抱腹絶倒する吉野裕子『大嘗祭』（注6）を垣間見てみよう。女性は生まれつき歴史学の能力がないにしても、吉野裕子は特段にひどすぎる。

「大嘗祭の内容そのものは、毎年行われる新嘗祭と全く同じ」（1頁）。

「大嘗祭は新嘗の祭り、つまり収穫祭である」（10頁）。

「大嘗祭の最重要な祭りは、…悠紀・主基両殿で行われる御饌《みけ》の供進《きょうしん》である（＝神事空間のほとんどを占める衾や坂枕や八重帖や沓などの第一神座は、この祭りに不必要な盲腸飾りである）」（17頁）。

もう一例。学術研究の方法論すら全く理解できない、六流未満学者の見本のような工藤隆の著。彼の『大嘗祭』は、口から出任せ一色で、噴飯物の極み。共産党員であるという理由一つで中央公論社が出版した。ほんの一部を挙げておこう。

「天皇は、神格を得るための秘儀としての第一神座での神事を、行わない」(iv頁、注7)。

「大嘗祭を創始(祖型を確定)したのは天武天皇。その時、伊勢神宮の祭祀を参考にした」(同)。

秘儀を斎行されない神座を、なぜ「第一神座」と言うのか。「第一神座」の傍で、一時間近くも天皇は何をなされているのか。等につき、工藤隆は説明しなければならない。しかし、工藤は口を閉ざす。

新嘗祭の原初儀式は、天照大神やその「天《あま》つ神々」の創案だろう。これに続く日向三代も、大和盆地を征服された神武天皇以降の歴代天皇も、新嘗祭を毎年欠かさず斎行されている。

だが、崇神《すじん》天皇（第10代）は、皇居内にあった神宮を磯城《しき》郡の三輪山山麓に遷座し、皇居と神宮の分離を行われた。さらに、景行天皇（第12代）は、神宮を遠方の伊勢に遷幸させた。神宮が「伊勢神宮」とも呼ばれるようになったのは、これ以降。伊勢神宮の初代斎王《さいおう》（斎宮《さいぐう》、斎皇女《いつきのみこと》、とも言う）が、「やまとひめのみこと　宛て漢字で《倭姫命》」で、垂仁天皇の第四皇女である。伊勢への神宮遷幸は、紀元後２９７年前後と推定される。この皇居・神宮の分離によって、従来では天皇と神宮が共同で斎行していた新嘗祭を、双方が別々に行うようになり、今に至っている。

一方、大嘗祭は、天皇の秘儀であり、神宮は一切かかわったことが無い。伊勢神宮が大嘗祭に一切関知しないのは、この原初起源において当たり前なこと。が、ＩＱゼロなのか工藤隆は、大嘗祭の儀式を天武天皇が伊勢神宮から学んだと、見え見えの大嘘を捏造する。「アインシュタインが相対性理論のアイデアを幼稚園児との討論から学んだ」と同類の、馬鹿馬鹿しいトンデモ虚言。

天武天皇以前、全国にその斎行を知らしめていた新嘗祭と異なり、歴代天皇は、日向三代から続く即位式であった大嘗祭を、**皇室の皇位継承の儀式**だからと、厳格に秘匿し、皇室外に知られるのを憚った。が天武天皇は、儀式の中身は秘匿しつつも、大嘗祭を**国家の儀式**としてその存在を広く知らしめることにした（注8）。工藤隆の基本的歴史事実に関する無知は、素人以下で天文学的なレベル。

「祭神なき」を「祭神あり」と曲解するばかりか、謬説「祭神は天照大神」の異常繁殖はなぜか

一条兼良『代始和抄』の、「**天照おほん神を下ろし奉りて**天子みづから神食を進め申さるることとなれば…」との間違った記述は、彼の影響力が大のため、後世に大嘗祭に関する謬説を蔓延させる罪作りな原因となった。具体的には、二つの重大問題を惹起せしめた。

第一は、間違いが「第二神座での神膳供饌における祭神は天照大神」という謬説に留まらず、この間違いの論理上に必然的に発生する〝虚妄説〟「第一神座で衾に包まるのも天照大神で、お休みになられる場所」を創作せしめる背景となった。岡田荘司は、この〝虚妄説〟宣伝の右代表だし、自分が謬説流布の犯罪者であることと認識している。嘘つきは、自らの嘘を嘘と知って、嘘をつく。

第二の重大問題は、「天皇の天照大神との共食ならば、新嘗祭と同じではないか。ならば巨額な費用を要する大嘗祭をする必要はない」という、大嘗祭不要論の一大根

拠となったこと。現に秋篠宮殿下は、妄説「大嘗祭は、大規模な新嘗祭」をご信じになられ、染み込んだ共産党憲法学の真赤な狂説と複合して、大嘗祭不要論の急先鋒になられた。

話を戻す。『令義解』に「朝に**諸神**の相嘗祭（を斎行し）、夕には新穀を**至尊**（＝天皇）に供す」との注記がある。「朝」「夕」は漢文体の修辞法だから無視してよいので、悠紀殿・主基殿における表面に見える神饌供進は、実際には、〝天皇が諸神に新穀を供するのではなく、天皇が天皇に新穀を供する〟と素直に読むことができる。つまり、天皇も「諸神」のお一方で、大嘗宮ではニニギノミコトとして行動なされておられる。

天皇は、いわば二役を演じられる。御自分が新穀《しんこく》を食されておられるのは、現世の天皇にではなく、ニニギノミコトに化身された現御《あきつみ》神《かみ》の「皇孫」に新穀をさし上げて食べて頂いているのである。「諸神」には、天皇も、天つ神（＝ニニギノミコト）として、そのお一方に含まれる。つまり新天皇は、大嘗宮（＝ニニギノミコトの産屋）にお訪れになられた皇祖母の天照大神、皇祖父の高御産巣御神、皇父の天忍《あめのおし》穂耳命《ほみみのみこと》、皇母の萬幡豊秋津《よろずはたとよあきつ》比賣命《ひめのみこと》と同格の「天つ神」として、一緒に「あひなめ」されておられる。祀る側と祀られる側が分かれて初めて成り立つ祭祀は、大嘗祭では成立していない。

高天原の「諸神」――**「天《あま》つ神《かみ》」のみ**。地祇《くにつかみ》は不在。「天神《てんじん》地祇《ちぎ》」とするのは四文字熟語の安易な惰性的使用――が集《つど》われるのが、天上の聖なる（＝いつきな）悠紀・主基殿である。天皇も「天つ神」（ニニギノミコト）になられておられる以上、祭神などどこにも存在できない。明白なこと。

なお、大嘗祭に「祭神」を誤想した最初は、1212年の『後鳥羽院宸記』。それは「天照大神と天神地祇の諸神」だとする。この誤りは『永和大嘗会記』に引継がれ、『代始和抄』で、ついに天照大神のみが祭神となる。間違いだらけになった大嘗祭に関する揣摩《しま》臆測《おくそく》を洗浄し、祭神不在だと正しく解していた平安時代前期以前に戻さなければならない。『貞観儀式』『延喜式』等の平安時代前期までは、「祭神」など荒唐無稽でお門違いとして発想だにされていない。

また、大嘗宮「一の神座」で衾に包まるのは天皇であり、それ以外ではありえない。この〝常識〟に立脚するのは、折口信夫（×）、桜井好朗（×）、川出清彦（○）、真弓常忠（○）、中川八洋（○）ら多数派である（備考1）。真弓常忠は、「ここに寝《やす》まれるのは、皇御孫命（ニニギノミコト）すなわち天皇であるとしなければならない」と明快（注9）。821年の『内裏式』逸文（備考2）にも、「縫殿寮《ぬいどの》（大嘗祭に）寝具を供す。天皇これを御す（召される）」とある（備考2）。

（備考1）×は天皇制廃止の極左、○は皇統護持派。

（備考2）この『内裏式』逸文は、一条兼良の『江次第鈔』にある。

一方、根拠ゼロなどお構いなしで、非常識な謬説と言うべき、「一の神座」には「天照大神が休まれる」と唱導するのが岡田荘司らである。あるいは、間接的に「一の神座は、無用な不要物の盲腸飾り」と嘯くのが、工藤隆や吉野裕子。これら謬説は間違っているだけなら等閑視すればいい。

しかし、これら二説は、「大嘗祭は新嘗祭のプラスαにすぎず、神嘉殿で充分」の論拠となり、共産勢力が《待ってました》とばかり〝大嘗祭つぶし〟の効果抜群の屁理屈として囃し立てる以上、絶対に看過してはならない。謬説《びゅう》中の謬説は、目くじらを立て粉砕し霧消しておかねばならない。

紀元前100年頃の（高天原の）産屋を忠実に再現すべき、これからの大嘗祭の悠紀殿・主基殿

大嘗祭の真実に迫るに欠かせないが、さまざまな絵図の研究。これを蔑ろにしてはならない。次に、これら絵図を『貞観儀式』等の儀式書と整合させていく作業である。

もっとも古い九世紀の『貞観儀式』は、大嘗宮は「構《かま》ふるに黒木をもってし、葺《ふ》く

に青草（萱《かや》）をもってせよ」とあるから、悠紀殿《ゆきでん》も主基殿《すきでん》も皮の着いたままの丸木で「産屋」の骨組を作り、屋根は茅葺《かやぶき》にしなければならないと定めた。次に「地に敷《し》くに束草《あつかぐさ》をもってし、播磨の竹簀をもってその上に加え、竹簀の上に蓆《むしろ》を加えよ」とある（注10）。

即ち、床をつくってはいけない。土間のままにせよ、と。そして、この土間に草の束を敷け、と。まさに、弥生時代中期の産屋である。一方、江戸時代の桜町天皇の大嘗祭の絵図を観ると、床があり濡縁《ぬれえん》があり、古墳時代の建物に変貌している。弥生時代中期にこだわってはいない。大正天皇の大嘗祭に至っては、田舎の古びた神社クラスにも見え、えっと首を傾げざるを得ない。

なぜなら、ニニギノミコト生誕から『貞観儀式』『延喜式』『西宮記』までの歴史は、一千一百年。皇室は、一千一百年という途方もない時間、世代から世代に言い伝えて天照大神／ニニギノミコト時代の、日本人の生活様式を必死になって、われわれ一般国民に遺されたのである。だが、江戸時代頃から安易にも「（当時の）現代」感覚で、悠紀殿・主基殿を古墳時代の建物に五百年ほどタイムスリップさせているのはいかがなものか。

むろん、大嘗祭では、釉薬《うわぐすり》無しの土器の茶碗すら無く、柏の葉っぱにご飯を盛りつけた高天原の時代が、一部であれ、継承されている。箸がピンセット型の竹一本で、二本でないのも、支那文化流入以前の日本の名残である。ならば建物も、ニニギノミコト生誕の紀元前150〜100年頃の弥生時代中期の日本の稲作農村の産屋《うぶや》（出産小屋）を、頑なに再現すべきではなかったか。なお、弥生時代、女性の出産は自宅でずることはなく、独立の産屋を建てた。村には必ず共同の産屋があったし、上層階層では、娘の出産のたびに新しい産屋を建てた。

悠紀殿・主基殿は天上の高天原、廻立殿は弥生時代の地上、神嘉殿は現世の地上

神嘉殿で大嘗祭ができないのは、神嘉殿が現世の建物であり、また、地上の建物であるからだ。なお、神嘉殿は、平安時代は中和院にあった。現在のは、宮中三殿の左側に建つ。

大嘗祭の二つの宮は、廻立殿を除き高天原を仮構しており、天上のもの。表3に、悠紀殿・主基殿と八神殿を例示した。これらは、大嘗祭が終わる同時に直ちに解体焼却される。地上に在ってはならない、天上の高天原の建物だからである。

廻立殿は地上のものだから、保存できるのではないかと思い付く者がいる。しかし、

表３；大嘗祭の仮構

廻立殿	**地上**、天に登るため“天の羽衣”を召される斎場
悠紀殿・主基殿	**天上**、ニニギノミコト生誕の産屋に擬した斎場
東西の斎田	**天上**、天照大神の水稲田「斎庭」を擬す。
斎田の傍に建立される八神殿	**天上**、天照大神が祀られていた「御饌の八神」。
東西の斎田で稲を育てる農民	**天上**、高天原で天照大神「一族」に服属する農民

この考えも理に適わない。「現在」は、弥生時代中期ではない。つまり、大嘗祭の建物は、大嘗祭が終わる同時に焼却され忽然とこの世から消えてなくなる事が絶対である。「斎場を忽然と建て、忽然と消す」事なくして、大嘗祭の神事は成り立たない。

ついでに、大嘗祭の各儀式の時刻をまとめておく。日本人は忘れているが、弥生時代の一日は、日没をもって始まる。大嘗祭は、同じ一日のうちの、前半日をかけた儀式で、日を跨《また》いではいない。六世紀以降、支那からの暦法輸入によって、十一月「卯日の宵」「辰日の暁」の二日に亘るようになった。が、日向三代に始原する〝**大嘗祭は同日斎行**〟だった事実は、踏まえておくべきだろう。

ここで、私の学問的な興味を述べておきたい。

第一。第一神座における儀式を**先**にして、天皇がニニギノミコトに同体化した**後**に、第二神座での御饌《みけ》拝食の儀における皇祖母・皇祖父・皇父・皇母ら「天つ神々」からの神饌を召される方が、神饌の儀を一段と完全なものにする。なのに、表4の場合を仮定すると、なぜ順序を逆にしたのだろうか。

　第二の学問的関心。表面上は神饌共食に見えるが、実は「共食」ではなく、前半は、天つ神々が本当に斎庭《ゆにわ》の稲からの御飯や酒であるか否かを試食し、合否の判定をする儀式のように思える。なぜなら、『中臣寿詞《なかとみのよごと》』でも『延喜式祝詞』でも、「天つ神々」が新天皇の神饌拝食を賀して讃えている。本居宣長は「大嘗新嘗は、天皇の聞し食す事を主とする事にて…祝詞にこそあれ、神に大嘗を奉り給ふ祝詞にはあらず」と、私と似た見解を展開している（注12）。

　第三番目の興味は、第一神座での秘儀儀式終了後、儀式に用いた衾《ふすま》と単衣《ひとえ》は、「天孫」となられ降臨される天皇とともに廻立殿に運ばれるのか否か。それは、『日本書紀』神代記にある「真床覆衾　まとこおふふすま」であり、天孫と一緒に天上から地上に降ろされているからである。

「（祖父の）高皇産霊尊、**真床覆衾**をもって、（孫の）天つ彦国（くに）てる彦ホノニ

表4；大嘗祭における各個別儀式の時刻に関する一例

	主な祭儀	備　考
午後８時 戌刻	天皇、紫宸殿から廻立殿に渡御。天の羽衣（湯帷子）を召され湯船にて沐浴。	
午後９～10時 亥一～二刻	悠紀殿に、葉薦（はごも）の上を、空中に**浮かぶように沓を履かず**渡御（備考）。「神々」と神饌（みけ）拝食。	皇孫**昇**臨。
午後10～11時 亥三～四刻	撤饌後、第一神座で衾に包まれる。	ニニギノミコトに同体化。
午後11時 子刻	天皇、悠紀殿から廻立殿に還御。	天孫**降**臨。
午前２時 丑刻	廻立殿にて、天の羽衣を召され沐浴。	
午前３～４時 寅一～二刻	主基殿に、葉薦の上を空中に**浮かぶように沓を履かず**渡御。「神々」と神饌（みけ）拝食。	皇孫**昇**臨
午前４～５時 寅三～四刻	撤饌後、第一神座で衾に包まれる。	ニニギノミコトに同体化。
午前５時 卯刻	天皇、主基殿から廻立殿に還御。	天孫**降**臨
午前５時以降	天皇、廻立殿から紫宸殿に還御。	

（備考）『江家次第』に、天皇は「徒跣（はだし）」とあるから、かつては裸足であられた（注11）。昭和天皇の大嘗祭では、天皇は御襪（おしとうず）という足袋のようなものを履かれている。これは古式に反している。

ニギノミコトにきせまつりて、すなわち、天の磐戸を引き開け、天の八重雲をおしわけて、**あまくだし**奉る」（注13）。

だが、この儀式の方は、『貞観儀式』から今や一千百五十年が経つが、一字の記録も無い。やはり、第一神座関係の儀式すべては、秘儀中の秘儀である。ということは、神饌拝食の儀の際には、関白、宮主（みやじ）、最姫（もひめ）、采女（うねめ）六名の計九名が悠紀殿・主基殿の内側に侍るが、第一神座での秘儀が始まると全員退席したのではないか。悠紀殿・主基殿では天皇がお一人になられるということ。つまり、目撃者ゼロだから、記録が完全ゼロとなったとも解せられる。

秋篠宮殿下は、大嘗祭を正確にご理解されておられた三笠宮殿下を侮蔑なされる？

戦後日本で、天皇以外の皇族で、大嘗祭をほぼ正しくご理解されておられたのは故三笠宮殿下。戦後日本のオリエント学界を牽引された殿下の著『古代エジプトの神々』に、その記述が残っている。

「大嘗祭の第一の神座は、ホノニニギノミコトつまり《穀霊》が天から下るドラマの舞台だったと考えられる。…神話ではホノニニギノミコトの子孫が日本の天皇となっているから、天皇には《祖霊》が加わっているとみなすべきであり…」(注14)。

生涯、昭和天皇に忠実・誠実であられた皇弟の三笠宮殿下は、大嘗祭に対しても仰ぎ見るように大切になされた。秋篠宮殿下は、このような三笠宮殿下に対し「間違っている」と難詰されるのでしょうか。あるいは、皇祖父の昭和天皇も父帝の今上天皇も立派に荘厳に大嘗祭を斎行なされましたが、秋篠宮殿下は、これにもご不満で、ご否定なさるお積りなのでしょうか。

それればかりではない。今上天皇が現憲法下で大嘗祭を斎行なされたのは、憲法にも〝合憲〟だからである(注15)。それなのに秋篠宮殿下は、「今上陛下は、憲法違反の〝非合法〟で大嘗祭を斎行された！」と、国民に向かって大声で父帝を罵倒し誹謗なさいました。このようなご言動は、二つの解釈を演繹する。第一。秋篠宮殿下は、今上陛下への〝謀叛〟を旗幟鮮明になされた、と。第二。秋篠宮殿下は自ら、「われは、憲法違反をなした〝悪い天皇〟の〝悪い皇子〟であるぞ！」とご宣言なされた、と。

もう一つ、畏れながら、お尋ね申しあげたき事柄がございます。霊元上皇は、新帝・東山天皇の大嘗祭を何としてでも斎行すべく、徳川幕府が献上した即位大礼用の資金を節約して、１６８７年、（１４６６年を最後に、財政逼迫のため）二百二十一年間も中断していた大嘗祭を復活なされました。これを、秋篠宮殿下は、どのようにご評価なされるのでしょうか。

また秋篠宮殿下は、財政的に困窮すると、なぜ大嘗祭が斎行できないのか、お考えになられたことがあるのでしょうか。大嘗祭を古式に従わず、簡略に行うことが可能か否かという問題にございます。唯物論者の秋篠宮殿下らしい考え方「**身の丈に合った形**で行うのが本来の姿」で大嘗祭を行ってよろしいのか否か、という問題ともいえましょう。

これはまた、財政困窮の余り、大嘗祭の斎行を断念された（上記二百二十一年間の）後柏原《ごかしわばら》天皇、後奈良《ごなら》天皇、正親町《おおぎまち》天皇、後陽成《ごようぜい》天皇、後水尾《ごみずのお》天皇、明正《めいしょう》天皇、後光《ごこう》明《みょう》天皇、後西《ごさい》天皇、霊元《れいげん》天皇に対し、「身の丈も知らないアホ馬鹿天皇」だと、ご嘲笑なされるということでございましょうか。

これら九天皇（もしくはその上皇）は、財政に見合うよう古式を無視して小規模化し簡略化することは、ニニギノミコトや神饌拝食の儀にご来臨される数多くの皇祖神の神々（天照大神ほか）に対し重大に不敬だとお考えられたのみならず、〝稲霊〟ニニギノミコトへの神性冒瀆となり、ひいてはニニギノミコトの化身たる天皇の聖性を毀損するとお考えになられたのである。

神事や祭祀は、その本性から「身の丈に合った形」では万が一にも斎行できない。現に、神嘉殿で行なえば大嘗祭は大嘗祭ではなく、新嘗祭の変形にすぎない。この〝紛い物fake新嘗祭〟を「大嘗祭」だと詐称するのは、天に唾する詐欺。それとも秋篠宮殿下は、天照大神なんか簡単に騙せるさ、とお考えなのでしょうか。財政問題など何でもない事ではありませんか。国民にお願いすれば一ヶ月も経たないうちに百億円～二百億円は集まるでしょう。

憲法第八条は、天皇制度の根幹である大嘗祭の二千年間の継承の前に〝時効の原理〟において無効である。また、二千年間の継続は大嘗祭をして〝法〟と化しているから、ブラクトンやコークの〝法の支配〟の法理において憲法第八条は違〝法〟である。要は、大嘗祭に関する限り、憲法第八条は死文である。このことについては、拙著『徳仁《新天皇》陛下は、最後の天皇』第三章に、その一部を論じております。

注

1、『毎日新聞』、２０１８年8月25日付け。

2、徳仁皇太子殿下は、宮内庁の国家公務員とは軽々な会話をお慎しみになられるので、そのぶん天皇制廃止の共産主義思想を注入されて洗脳されることが少ない。一方、秋篠宮殿下は、何時も、宮内庁の赤い国家公務員と安易に会話され、しばしば討論を好まれる。その結果、真赤な共産党製の嘘憲法学を自分に刷り込ませる機会を、これら赤い国家公務員に与えている。

3、大嘗祭における「高天原の水」の獲得方法については、中臣の寿詞にある。『古事記　祝詞』、日本古典文学大系、岩波書店、４６１頁。

4、『江家次第』に、「天皇頗る低頭し拍手し称唯し、これを執る。羞飯如常」とある。即ち、天皇が「天つ神々」を饗応されておられるのではなく、「天つ神々」の方が天皇を饗応されている。『江家次第』『神道大系朝儀祭祀編四』、６７２頁。

5、男根崇拝エロス狂の折口信夫は、１９２６年に始まる、東京帝大と京都帝大においてマルクス／レーニン／ブハーリン／スターリン等の翻訳書がことごとくベストセラーになっていくマルクス・レーニン主義の大ブームに乗じ、践祚されたばかりの昭和天皇を揶揄・誹謗せんものと、昭和天皇の大嘗祭（1928年11月）の数カ月前に講演したのが『大嘗祭の本義』。出版は二年後の1930年6月で大岡山書店。折口信夫の大嘗祭誹謗を後継した、「コミンテルン32年テーゼ」系の共産主義者が、〝マルキスト歌人〟西郷信綱と〝共産党員〟岡田精司。

折口信夫と西郷信綱の〝エロ本もびっくりの聖婚譚〟については、拙著『徳仁《新天皇》陛下は、最後の天皇』第四章第一節で言及した。岡田精司の〝エロ雑誌を越える聖婚小説〟については、「大王就任儀礼の原形とその展開」『天皇代替り儀式の歴史的展開』、柏書房。

6、吉野裕子『大嘗祭』、弘文堂。引用頁数は本文。

7、工藤隆『大嘗祭』、中公新書。引用頁数は本文。

8、天武天皇や持統天皇が、それまで原則として秘匿してきた大嘗祭を公表して国家的儀式にした理由は、壬申の乱（672年）にあろう。皇室の儀式から国家の儀式への変更である。天智天皇系の大友皇子（弘文天皇）から皇位を軍事的に簒奪し、また近江大津宮の鏡剣璽を受禅的に承継するのではなく、勝手に飛鳥浄御原宮に遷御させたのだから、天武天皇の皇位の正統性は、極めて疑義あるものだった。また、天智系皇族・豪族の勢力の方が総体的には天武系をはるかに凌駕しており、即位の大礼と鏡剣璽の渡御だけでは皇位の安定は充分ではなかった。天智系皇族に対して諦念を促し、地方の天智系有力豪族には服従を醸成するに、天武天皇は、ニニギノミコトに化身する神事の大嘗祭（673年）を挙行した旨を広く知らしめることのみが決定的な有効打開策だとお考えになられたようだ。

なお、天智系の方が優勢であったことは、天武系は称徳天皇の不祥事をもって断絶し、天智系の光仁天皇・桓武天皇に皇統が戻った事実からも窺える。

ところで通説ではまた、『日本書紀』における大嘗祭の初見を天武天皇とする。が、『日本書紀』では、清寧天皇と顕宗天皇とが大嘗祭を斎行されたことが書かれている。『播磨国風土記』にもある。さらに、天智天皇が大嘗祭を斎行されたと、藤貞幹『天智天皇外記』は述べている。そもそも現在につながる即位式は唐風であり、七世紀後半に始まっている。神武天皇から六世紀までの天皇の「即位式」とは原初的大嘗祭と三種の神器の渡御の儀式のことであった。これらに加え、「中臣の寿詞」と皇太子以下群臣の「八開手《やひらで》（八回の拍手）の拍手四度」などが、神武天皇以来の原初即位式を構成する儀式であったろう。

9、真弓常忠『大嘗祭の世界』、学生社、132頁。
10、『貞観儀式』『神道大系朝儀祭祀編一』、72頁。

11、『神道大系朝儀祭祀編四』、667頁。

12、『本居宣長全集』第七巻、筑摩書房、177頁。

13、『日本書紀　上』、日本古典文学大系、岩波書店、156頁。

14、三笠宮崇仁『古代エジプトの神々』、NHK出版、31〜2頁。

15、憲法第八十九条「政教分離」に関する、無神論の共産党が支配する憲法学界の犯意ある捏造解釈につき、大まかに触れておく。米国がつくった現憲法の政教分離の定めは、「政府と教会の適切な関係（距離）」という意味。つまり、米国は、ジョージ・ワシントンの「大統領職を去るに当っての演説」（1796年秋）が高らかに宣言するように、**キリスト教ほかの既存宗教を米国民が厚く敬い信仰することを、ことのほか絶対重視する。**この個人の信教の自由を擁護するために、政府が国家権力をもって特定宗派の布教を助成したり、逆に弾圧したりすることを厳に禁じた。これが米国の「政教分離」である。

GHQが、神社すべてを旧来のままに認めながら「国家神道」を禁止したのは、日本政府が特定宗派「国家神道」の布教に国家権力を行使していたと解したからで、米国固有の〝個人の信仰の自由〟絶対尊重主義からの政策。米国の建国の原点たる〝宗教重視／個人の信仰の自由絶対視〟こそ、米国の政教分離の本質。これが、日本の憲法第八十九条に転用的に明文化された。

一方、1789年8月の人権宣言でヒドラとなったフランスの狂気「政教分離」は、フランス国家から既存宗教カソリックを全て抹殺して、フランスを無神論（正確には、その親類の理神論）の国家に改造し、理性神の狂信を国家が国民に強制する〝狂気のカルト宗教国家〟に改造することを指す。日本の憲法学界は、米国製「政教分離」を、真逆のフランス革命製「政教分離」に摩り替え、共産革命の第一段階として日本の官庁内をまず無神論化する革命を煽動し洗脳する。マルクスとレーニンの崇拝が強制される〝悪魔の理神論〟国家に日本を改造するためである。

皇室の大嘗祭は、皇室の〝個人の信仰の自由〟の領域にあるもので、一般通念上の布教（教宣）の宗教とは異次元にある。即ち、憲法第八十九条が定める米国型「政教分離＝個人の信教の自由絶対視」においては、大いに尊重されるべきもので、批判されるものではない。しかも、それが、憲法第一条と第二条が定める、日本国が奉戴する天皇制度の、その必然の属性として、大嘗祭は、国家的儀式である以上、日本国民の税金を投入するのが憲法の趣旨に適い、現憲法の命じるものである。

【著者プロフィール】
筑波大学名誉教授
中川八洋　なかがわ やつひろ
1945年生。東京大学工学部航空学科宇宙工学コース卒。米国スタンフォード大学政治学科大学院修了。筑波大学助教授、筑波大学教授。定年退官2008年。専門は、国際政治学、英米系政治哲学・憲法思想、皇位継承学ほか。
皇位継承学に関する著書には、『皇統断絶』『女性天皇は皇室廃絶』『悠仁《天皇》と皇室典範』『小林よしのり《新天皇論》の禍毒』『皇室消滅』『徳仁《新天皇》陛下は、最後の天皇』の六冊がこれまで出版されている。また『正統の哲学　異端の思想』『保守主義の哲学』『正統の憲法　バークの哲学』の三冊は、皇位継承学の基礎たる英米系保守主義思想の学術書としては本邦唯一。これまでの出版総数は約80冊。

本書は、Kindle版『天皇「退位」式は、〝廃帝〟と宣告する人民法廷　〝譲位〟禁止の「四・三〇」は、憲法違反！』に加筆した書籍版です。

天皇「退位」式は皇統断絶

徳仁《新天皇》陛下は、新王朝初代

第一刷　2019年4月30日

著者　中川八洋

発行人　石井健資

発行所　株式会社ヒカルランド

〒162-0821 東京都新宿区津久戸町3-11 TH1ビル6F

電話 03-6265-0852　ファックス 03-6265-0853

http://www.hikaruland.co.jp　info@hikaruland.co.jp

振替　00180-8-496587

本文・カバー・製本　中央精版印刷株式会社

DTP　株式会社キャップス

編集担当　小暮周吾

ISBN978-4-86471-752-6